As Curas de Jesus

Dr. J. Luiz Amuratti

AS CURAS DE JESUS

ANUBIS

Revisão:
Viviane Lago Propheta

Projeto gráfico e capa:
Edinei Gonçalves

Apoio cultural:
Rádio Sensorial FM web
www.sensorialfm.com.br

Dados Internacionais de Catalogação na Publicação (CIP)
(Câmara Brasileira do Livro, SP, Brasil)

Amuratti, José Luiz
As curas de Jesus / José Luiz Amuratti. -- 1. ed. -- São Paulo: Anúbis, 2016.

ISBN 978-85-67855-41-7

1. Antropologia social 2. Espiritualidade 3. Jesus Cristo - Ensinamentos 4. Religiosidade I. Título.

16-01270 CDD-306.6

Índices para catálogo sistemático:
1. Religiosidade : Antropologia : Sociologia da religião 306.6

São Paulo/SP – República Federativa do Brasil
Printed in Brazil – Impresso no Brasil

Este livro segue as novas regras do Acordo Ortográfico da Língua Portuguesa.

Distribuição exclusiva
Aquaroli Books
Rua Curupá, 801 – Vila Formosa – São Paulo/SP
CEP 03355-010 – Tel.: (11) 2673-3599
atendimento@aquarolibooks.com.br

Impressão e acabamento: Mark Press Brasil

AGRADECIMENTOS

Eduardo Sperdutti, meu amigo e Presidente da Herbalife, em certa ocasião comentou: "– Ser pai é redescobrir-se como Homem!" Eu refleti muito sobre isso e conclui: "– Ser avô é redescobrir-se como Espírito!" (A noção certa da continuidade) ANA LUIZA, muito obrigado por me trazer esta certeza.

Beatriz, Renata, Lívia e Camila: agradeço o amor incondicional e tenham certeza que o meu é mega incondicional. Não existe um segundo de minha vida em que minha prioridade não seja vocês. Com a Aninha, vocês são minhas "Golden Five".

Genros e futuros genros: não existe um segundo de minha vida que eu não esteja de olho em vocês. Amo vocês como filhos!

Minha mãe Paula e minha tia, mais do que mãe, Litinha: considero-me um bom homem hoje. Este homem foi forjado para assim o ser. O trabalho de construção é o trabalho de uma vida e agradeço vocês terem dedicado suas próprias vidas a isso. Meu pai, Ari, *in memorian*, agradeço por ter me ensinado a tomar as rédeas de minha própria vida e a chamar a responsabilidade para mim. Isso faz total diferença.

Meus amigos Antonio Quintal, Beatriz e Wagner Ferla, Lú e Airton DallAlba, Tania Rodrigues e Ronaldo Lage, Sueli e Umberto Machado, Julio César Martins, Annelise e Renato Bueno (meu super médico), Luiz Carlos Moraes, Ângela Minioli, Roberto Costa, Inês Leão, Lucia e Richard Rinehart, Sérgio Vieira e outros, me perdoem a não referência: ensinaram-me e ensinam que NADA, mas NADA é mais importante que um Ombro Amigo, o maior, sem dúvida, entre todos os tesouros.

Irmãos, Mabel, Ronan e Érika, e meus sobrinhos, mega carinho!

Em especial, Cleuza Rodrigues, nossa Tia Cleuza, que transformou o rumo da minha Saúde e do meu Destino, pela nova missão Nutricional.

Aos amigos de minha organização da Herbalife: Lívia, Camila, Abilaine e Wellington Souza, Robson Grilenzoni, Maria Lúcia, Renata Ferreira, Irani Cirqueira, Maria Elza e Nelson, Michelle e Wagner, Juliana e Adal, Sidnéia e Wagner, Carla e Ricardo Taniguchi, Eva Ramos, Renato Strozani, Cantídio, e outros que virão, me perdoem a não referência: abraçados comigo nesta missão, quantas e quantas pessoas tiramos do caminho da doença, não? Saibam que é só o começo!

Aos meus editores Milena e Marcelo Aquaroli: agradeço a confiança, transmitam este agradecimento à toda equipe de revisão, edição e capa.

À Cleusa:

Diuturnamente juntos na mesma missão.

Diuturnamente à serviço de Jesus.

E diuturnamente, te amo.

SUMÁRIO

Introdução

Trinta anos de Medicina!

A Medicina é gloriosa! Conhecer o Ser Humano em seu íntimo.

Conhecer a bioquímica dos hormônios. Olhar para um paciente e saber que pela vivência dada pela Medicina, podemos conduzi-lo à cura através de um caminho chamado: tratamento.

100% de sucesso? Infelizmente são inúmeras variáveis, inúmeras. Quem nunca ouviu falar de certa pessoa que tinha um abcesso gigante no fígado e se curou totalmente com um antibiótico simples? E quem nunca ouviu dizer de uma pessoa que teve uma febrinha e dois dias depois estava em coma numa UTI?

São inúmeros fatores atuando ao mesmo tempo!

E cada um deles (idade, estilo de vida, sexo, antecedentes, etc.), agem separadamente e no conjunto produz uma resposta.

E o destino, existe? Carma, existe?

O merecimento da cura, existe?

Os protocolos de cada Doença!

Sim. Cada doença tem um protocolo.

Devemos segui-los. DEVEMOS segui-los.

Conhecer os órgãos.

Tocá-los. Sentir a vibração e o crepitar dos alvéolos, o sopro das artérias, o movimento dos intestinos! Tocar, através da Incisão de Mc Burney com um dedo – e neste dedo sentir de qual direção está vindo o calor do apêndice inflamado. No desespero, depois de uma hora tentando dissecar este apêndice, parar por uns segundos, respirar fundo, olhar para cima, para o teto da sala de cirurgia e pedir para Deus: "*– Por favor, sei que não sou nem um pouco crente, mas agora, pelo menos agora* (o anestesista está mais desesperado ainda e quer trocar a anestesia de Bloqueio para Geral.), *pelo menos Agora, me ajude!!!*"

E alguns momentos depois, num movimento circular, batendo na artéria ilíaca direita, rodeado de pús... ele, o apêndice, surge. Esquecemos Deus e voltamos a ser deus.

Novos cirurgiões de laparoscopia: Nunca terão esta emoção...que pena!

A Medicina, nestes 30 anos, me deu a chance de conhecer a extrema maioria dos sentimentos humanos:

Alegria,

Tristeza,

Dor,

Compaixão,

Revolta,

Impotência,

Indiferença,

Qualquer sentimento que você me disser, posso com quase certeza, dizer que já senti ATRAVÉS da MEDICINA.

Não me arrependo das madrugadas vendo o Sol nascer dentro de um centro cirúrgico.

Finais de Semana em cursos. Incontáveis. Talvez me arrependa de não ter estado mais presente na vida das minhas filhas. Elas cresceram, casaram-se e me mostraram que o tempo passa! Disso sim, me arrependo. Mas as pessoas que salvei, que dei esperança, nos plantões e nas cirurgias, num tempo onde nem Ultrassonografia existia, me dá a impressão que, se elas souberem disso, poderão me perdoar!

A Medicina tem muitas faces.

Uma das piores faces, é esconder a Face de Deus!!!

Sim, a Medicina esconde a face de Deus para os médicos.

Sempre tive dentro do meu coração a vontade de fazer a diferença. Quando não estou mais fazendo a diferença na vida das pessoas, vem o tédio, vem a noção de que estou sendo mais um, e ser mais um, é ser apenas mais um (pense assim também).

Aí vem uma inquietação interior, uma inquietação que vai crescendo e te movendo e te arrastando ou te puxando... porque funciona assim:

A gente se posiciona e
a Missão chega.

Como um jogador de futebol, ele deve estar ativo, estar sempre em movimento, e se colocar na posição exata e adequada para que a bola o alcance e ele consiga dar continuidade a uma bela jogada.

Estou sempre me posicionando, mudando, buscando a melhor posição para que Deus consiga ver minha cabecinha, me localize melhor e me mande a bola – a Missão!

Sinto que minha Missão agora, é trazer esclarecimentos e bases para que sua Fé, em você mesmo, duplique e você fique mais forte.

Sinto que minha missão é, que sua Fé no Ser humano triplique e você saiba que você também tem que aprender a se posicionar e fazer a diferença neste mundo.

Minha missão é, que sua Fé no Criador e em Jesus Cristo se multiplique por milhões de vezes e com isso a felicidade plena de sua família e comunidade, floresça a cada dia, quando o sol raiar... mesmo que não seja através da vidraça de um centro cirúrgico.

Este livro emite a minha opinião e o meu modo de analisar, várias situações concernentes às Curas de Jesus, Seus milagres e Tudo que se relaciona com o desenvolvimento espiritual e individual de todos nós.

Perseverar!

Aquele que Perseverar,
Verá "por si" a Vitória!

Lapidei esta frase, exclusivamente para este tema do livro.

Pois minha vontade, é que as pessoas ganhem confiança e fortaleçam suas vidas baseadas num *entendimento sólido, sobre as possibilidades orgânicas de transformações, denominadas de Milagres de Jesus.*

É preciso analisar que, a função destes milagres foi exatamente essa: mostrar a extraordinária Força e Energia da Fé e da Perseverança.

Com a fé inabalável pela convicção dos fatos (*contra fatos não há argumentos*), e com a Perseverança por um Ser Humano melhor, cumpriremos nossa Missão.

Histórias da Vida Real

Este é o último livro que escrevo.

Provavelmente.

Pois reflita comigo: Qual outro assunto pode ser mais interessante, intrigante, mais forte do que um médico discorrer sobre As Curas de Jesus?

Pesquisei muito sobre essas curas e não encontrei médicos que comentassem, dessem suas opiniões a favor, ou contra, sobre este assunto.

Não seria lógico que médicos ao menos conversassem sobre estes milagres?

Ah! Milagres não existem na Ciência. Talvez por isso...

"Passamos ao largo"...

"Deixamos para lá"...

"Qualquer dia a gente retoma este assunto..."

No livro: "Pensamento Positivo para o Nosso Tempo" de Norman Vincent Peale, encontrei um texto escrito em 1975, e apesar de ter sido escrito em 1975, vale muito para os dias de hoje e por isso decidi transcrevê-lo:

"...nos dias presentes, as pessoas não compreendem ou apreciam o poder tremendo que Ele (Deus) lhes deu. Como é patético ver tantos arrastarem-se pela vida, semiadormecidos, doentes, abaixo do nível recomendado, derrotados, cansados, nervosos, destituídos de coragem. Essa espécie infeliz de existência, não pode ser a que Deus desejou dar a você e a mim. Ouça esta promessa extraordinária: 'Dou-vos poder sobre todo o poder do inimigo, e nada, de forma alguma, vos atingirá'." (Lucas, 10:9)

Por que não recebemos tal poder e vivemos por ele?

Talvez nossos malogros sejam devidos, em parte, à leviana impressão, que a cura através da fé não acontece nestes tempos modernos, como acontecia na Época do Novo testamento, embora as evidências estejam se acumulando, constantemente, para provar que realmente acontece. Ainda assim, algumas pessoas que acreditam, com firmeza que Jesus Cristo curou os doentes do primeiro século, acham difícil acreditar que esse mesmo poder opere hoje, especialmente para elas. A idade dos milagres passou, dizem, com tristeza. Agora, as curas são feitas através de métodos científicos. E, costumam acrescentar, piedosamente: "– É verdade que a fé ajuda".

"Para elas, a fé apenas dá assistência aos médicos, e sua função principal é colocar o paciente em boa expectativa mental e dar, assim, um brando estímulo ao processo de cura".

A fé apenas como assistência aos médicos...

E assim o tempo passa. E assim, como o tempo cura as dores do amor, ele também dissipa as preocupações, as atenções e os assuntos vão perdendo força e importância e...

Passamos ao largo...

Os médicos e os pacientes!

Os pacientes, em sua maioria, apenas se deslocam e solicitam apoio do mundo espiritual, da religião, em casos difíceis e extremos. Eu noto isso em meu dia a dia! Quando o caso é inicial ou de pouca gravidade, o próprio paciente não dá a importância e não se lembra do seu Anjo da Guarda, de Deus, de sua crença, enfim.

E aí está o erro!

Justamente em casos mais suaves, que poderíamos supor uma recuperação mais fácil e rápida, preterimos e "passamos ao largo"... esperamos as coisas piorarem bastante e se tornarem aptas a serem dignas de uma intervenção celeste.

Eu mesmo!

Há poucos dias, tive uma retenção urinária súbita, provocada por um nódulo + Hiperplasia da Próstata + Infecção Urinária, sei lá... vários fatores contra e vários a favor, que culminaram nesta retenção.

Primeira coisa que passa pela nossa mente: Câncer! Jesus! Eu imploro, tal e coisa e prometo isso, aquilo, e vou repensar minhas atividades, e vou promover tais e tais atividades (Barganhando) e então pedimos, e bem, não era Câncer.

Foi tudo ótimo, tão ótimo que agradeço aos médicos neste livro, Dr. Renato Bueno, Dr. José Luiz Chambó e Dr. Dirceu Lourenço Gomes, incríveis!

Mas retornando à imagem descritiva, qual foi o apoio concedido pelos médicos espirituais, anjos da guarda ou mesmo Jesus? Com foi? Foi? Será que esta intervenção já não me era oferecida há muito tempo? Ou será que esta intervenção foi tão magnífica que resultou apenas nos diagnósticos acima e não evoluiu?

Apenas mais um detalhe fundamental:

Precisamos ter a noção de que os médicos, instituindo seus tratamentos, fazem parte do caminho que esta pessoa deve trilhar. Se neste caminho ela nasceu em um país em que a saúde pública está deteriorada, ela com certeza sofrerá as consequências.

Os médicos curando ou não, mas sim dando o melhor de si mesmos, fazem parte deste Plano, deste Projeto!

Todo jovem tem a sua Busca

Logo após os 14 anos, começa a busca pelo amor, pelas emoções, pela espiritualidade

É uma pena que alguns jovens se enganem na procura da espiritualidade e saem de seu ambiente sadio e buscam lugares onde o som lhes impossibilita de se comunicarem, cuja a luz ofusca seus semelhantes e que o crescimento pessoal inexiste.

Eu digo que esta busca da espiritualidade tem dois lados: Um que o faz crescer e outro que o paralisa.

O jovem está muito interessado em alcançar a espiritualidade.

Tudo em exagero prejudica. Até oxigênio.

Músicas repetitivas, altas e as luzes que não deixam o indivíduo prevalecer e sim o coletivo, fumaça, bebidas alcoólicas, etc., mantém um ambiente fora da realidade que "mimetiza" algo até certo ponto místico. Outro mundo, outra realidade. Do *Mal.* Não trazendo o desenvolvimento necessário para suas vidas. Transformando-os em seres automatizados e sem criatividade.

Aí a importância da base.

Por outro lado, existe a condição de encontrar esta mesma espiritualidade, num mesmo ambiente até certo ponto místico, onde o contato com a realidade essencial de sua vida aflora. Esta é a espiritualidade banhada pelas religiões. Do Bem.

Quando o jovem busca a Espiritualidade do *Bem*, terá benefícios maravilhosos, mantendo um organismo sadio, uma mente sadia e um caminho forte e nobre.

(Saiba que todo Jovem sai em busca da Espiritualidade, isto está impregnado em sua vida e devemos então, estimulá-los a trilharem a busca do Bem, do Divino, do Saudável, emocional e organicamente).

Eu tive bases semeadas em minha infância para escolher o caminho da espiritualidade sadia.

Há muitos anos atrás, decidi largar a Faculdade de Engenharia Elétrica da Universidade Mackenzie no início do quarto ano!!!!

O Motivo > *O PAQUITO!*

Guarde esta mensagem:

> *"Uma vez você conhece uma pessoa e sua vida nunca mais será a mesma!"*

(Desconheço o autor)

Escrevi meu primeiro livro sobre esta época de minha vida, chama-se UMA LIÇÃO DE AMOR, há muito anos.

Mas...faltou um detalhe:

Para reavivar a lembrança, eu era estudante de Engenharia e trabalhava dando aulas de Inglês e tocando violão nas noites de sexta e sábado em um restaurante.

O que aconteceu foi, que em uma de minhas classes havia uma aluna, que de profissão, era enfermeira. Eu tinha o hábito de levar o violão às aulas e aprendermos algumas canções. Nada mais nada menos que Johnny Rivers, The Beatles, Paul Anka, me auxiliavam numa forma dos jovens se estimularem no aprendizado de uma nova língua.

Pois bem. Às vésperas do Dia das Crianças a enfermeira me convidou a tocar violão na pediatria do Hospital Auxiliar de Cotoxó, do Hospital das Clínicas.

Eu fui! (Se eu não tivesse tomado a decisão de ir, hoje minha vida seria totalmente diferente).

E assim que comecei a tocar, um menino de uns 5 ou 6 anos veio rapidamente para o meu lado, muito admirado, e não saiu até o final. Ele ficou encantado com o violão, com a música. E eu confesso que foi muito desagradável, pois ele tinha uma traqueostomia, cheia de secreção, catarro e saliva. Tudo porque ingeriu soda cáustica acidentalmente, provocando lesões importantíssimas no esôfago.

Seu nome, aliás, seu apelido era Paquito, era boliviano.

Sua família era de Santa Cruz de La Sierra e imaginem como era a Medicina de 45 anos atrás (nem ultrassom existia!). Ele foi trazido para o Brasil e aqui ficou sozinho. Não tinha ninguém da família. E eu pensava: "– Como era possível uma criança assim, só, em outro país?".

Toquei várias músicas, que havia ensaiado e aprendido na véspera e brinquei muito com as crianças, muito mesmo, nos divertimos, mas quando estava indo embora fiquei surpreso porque ele "grudou" nas minhas calças e começou a pedir que eu voltasse a visitá-lo, com uma *expressão inesquecível*.

"– Tio, você vem me ver semana que vem?"

"– Tio, você vem me ver semana que vem?"

"– Tio, você vem me ver semana que vem?"

E esta frase ficou ecoando no meu cérebro até o domingo seguinte.

Eu fui. (Se eu não tivesse tomado a decisão de ir visitá-lo, hoje minha vida seria totalmente diferente).

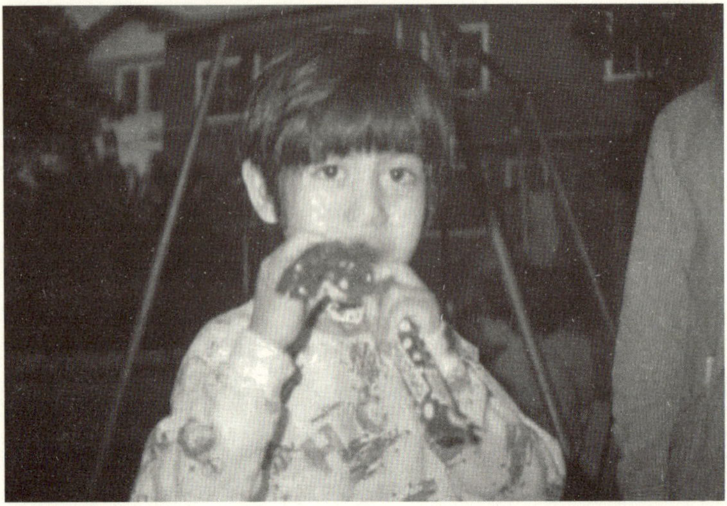

O resto é história. Após alguns anos visitando o Paquito ele "cismou" que eu deveria ser o médico dele.

Quando uma criança determinada quer algo, não perde o foco!

Podem acreditar!

E começou uma avalanche de pedidos, sugestões, chantagens emocionais, brigas, gritos, recusas em fazer curativos, ficando "de mal"....

Bem...

Hoje sou Médico Gastroenterologista! Precisa perguntar se eu acatei os pedidos do Paquito?

Mas voltando à busca...

Voltando ao detalhe que vale a pena ressaltar:

Nunca havia contado isso para alguém:

A Insatisfação me impulsionou. Estava insatisfeito a respeito da minha vida no futuro.

Quando alguém está insatisfeito e disposto a mudar, uma energia fora do comum surge do interior de seu coração!

Eu estava decidido a fazer a diferença nesta vida, fazer algo que realmente ajudasse o próximo. Eu já havia encenado a peça *Godspell* e produzido uma mini encenação da vida de São Francisco de Assis.

Por isso comecei a me aconselhar (cuidado para quem pedir conselhos...).

Vários conselhos foram descartados, pois vinham de pessoas sem sucesso na vida, sem garra! Agradeço a Deus o discernimento de saber de onde vinham certos conselhos.

Não aceite conselhos de pessoas assim.

Mas o fato é que eu fui até a Igreja de São Francisco em Salvador, Bahia, e solicitei uma entrevista com um bispo (nem lembro o nome, perdão).

No dia e hora eu disse:

> *"– O Senhor não me conhece, nem conhece o meu passado, mas eu gostaria de perguntar como eu posso ajudar mais o próximo: sendo padre ou sendo médico?"*

O Bispo se levantou, se sentou ao meu lado, sem dizer nada.

Pegou em minhas mãos e após alguns instantes, que para mim foram uma eternidade, ele se levantou, deu alguns passos, se virou e disse:

> *"– Médico!"*

Saiu e me deixou só.

Nunca mais me aconselhei com ninguém e voltei decidido para São Paulo!

Mãos de Cirurgião pensei, ele viu mãos de cirurgião!

E assim foi, operei 30 anos seguidos... milhares de pessoas!

Analise comigo a força de uma opinião. E a força de uma convicção.

Vejo em meu dia a dia milhares de opiniões dadas à esmo, sem que a pessoa tenha a menor ideia no reflexo que pode causar à outra.

Uma opinião pode alterar destinos!

Não apenas de uma pessoa, mas de uma família, de gerações.

As opiniões, devem ser dadas com responsabilidade, com noção do impacto que ela pode produzir na vida do próximo.

Importante:

Quando ouvir uma opinião lembre-se sempre: é uma opinião apenas. Analise quem a está emitindo, qual o seu conhecimento, credibilidade e resultados. Tire a sua conclusão baseada em sua realidade, em sua história de vida, suas experiências.

Se o bispo tivesse dito: Padre!

Minha vida teria tido um rumo TOTALMENTE diferente, pois eu estava decidido a respeitá-lo. Eu era jovem e ainda com as definições em curso e buscando ajuda com um sábio.

Sim, eu iria respeitar sim.

Considero 30 anos de profissão muito significativos e uma verdade imensa: o tempo faz com que observemos as mesmas situações, mas com olhos diferentes.

Por exemplo:

Você vê uma bicicleta parada há 100 metros.

Ao se aproximar, 10 metros ela parece um pouquinho maior.

Ao lado dela, ela está em seu tamanho, cor, características reais.

Ao ir se distanciando, ela volta a "diminuir" e a mostrar outros ângulos.

MAS, É A MESMA BICICLETA, PARADA NO MESMO LUGAR!

O que muda? A distância e o ângulo de visão.

Assim é a vida:

As mesmas situações vividas por pessoas que estão em diferentes "distâncias" e "diferentes ângulos".

Hoje quanto mais distante eu estou daquele menino (eu mesmo!), que viveu há quase quarenta anos atrás, buscando fazer a diferença nesta vida, mais e mais eu o admiro.

Admiro sua coragem!

E parece que isso esta nos genes:

Recentemente minha filha Renata demonstrou sua coragem e então sua juventude, dando um salto de mais de 180 graus em sua vida, trocou de carreira.

Sem dúvida de que será brilhante, pois ela carrega a dedicação e profundidade nos estudos em seu dia a dia.

Ser jovem é manter
vivo o seu ideal!

P. Netto.

O jovem tem, como grande qualidade:

A coragem!

Mantenha-se jovem alimentando sua coragem.

Voltando ao nosso tema:

Bem... neste livro vamos falar não apenas das Curas e os Milagres, mas também quero discutir dúvidas incríveis como:

- Jesus voltará? Como assim?
- Jesus poderia ter nascido antes ou depois daquele momento específico na História da Humanidade, porque escolheu "aquele" exato período?
- Outra inquietação que tenho: Na Bíblia: inúmeros - INÚMEROS relatos de anjos, arcanjos, aparições para o ser humano? Que loucura!
- Relação entre Saúde e Doença. Já sabemos..., mas será que existe uma razão para que certas pessoas desenvolvam certas doenças e outras não? Será "Carma"?
- O "carma" existe? É lógico ou crença cega?
- E a Reencarnação? É questão de fé?
- Que tal então, misturarmos tudo: Saúde - Doença - Reencarnação - Carma?

Observação:

Estas questões, exatamente estas que relatei acima, precisam ter uma explicação lógica e não serem baseadas apenas na crença esotérica, na crença que você ou Crê ou Não! Em uma fé cega! Não pode ser! Talvez acreditando nisso fosse mais fácil e pronto! Você acredita e é assim, você não acredita e não é assim!

Quem procura..., ACHA!

Uma premissa – Um ponto de ancoragem

É necessário, termos uma premissa para desenvolver toda uma linha de pensamento.

E é aqui que você pode "me pegar"!

Aqui você pode dizer:

"*– Sim, baseado nesta premissa tudo é lógico e então está explicado!*"

Pois bem, o meu ponto de partida é uma lógica baseada na premissa da Antroposofia e Ciência Espiritual. Como falar de Jesus sem falar de religião? O que desejo focar é um ponto de vista, onde transpareça uma lógica, que nos faça raciocinar em termos da possibilidade real de que a humanidade se encontra em constante transformação.

O Homem de dois mil anos atrás não é o mesmo dos dias atuais.

A Bíblia

As histórias e relatos da Bíblia, são repletos de figuras e situações que são difíceis para um homem da nossa civilização compreender e mesmo aceitar. Ensinamentos de vida, sem dúvida. Os melhores códigos de conduta moral e social.

O que fazer e o que não fazer.

Lições, mesmo onde aquele que viver sob esta sabedoria apenas prospera, cresce e com certeza sairá desta vida deixando um legado.

Neste livro, nos primeiros quatro capítulos, trabalho estas premissas, sempre baseado em explicações lógicas, e que você deve terminar cada capítulo coçando seu queixo e dizendo assim: "– É lógico sim... tem lógica..."

Passando para os últimos três capítulos e adendos, você vai tecer uma colcha de retalhos com as lógicas, porque eu discorro sobre os temas que escolhi para este livro: as Curas de Jesus e a Cura Completa, como se processa nos dias de hoje.

Vou me permitir após os primeiros capítulos e os últimos abrir um parêntesis sobre a Oração Ecumênica de Jesus ao Pai – O Pai Nosso.

Rudolf Steiner

Rudolf Steiner, filósofo e estudioso austríaco, que viveu no final do século XIX e início do século XX, foi fundador do Movimento Antroposófico que inclui a Medicina Antroposófica, a Agricultura Biodinâmica e a Pedagogia Waldorf.

Estudioso da Ciência Espiritual trouxe para a humanidade um conhecimento profundo sobre as questões do Ser Humano em sua plenitude. Abrange a existência terrena e sua relação com a existência no mundo espiritual. Mas de uma maneira inteiramente lógica.

A Antroposofia e a Medicina Antroposófica trabalham com o entendimento do Ser Humano, não apenas como um amontoado de células conectadas bioquimicamente, mas como uma harmonia coordenada e perfeita. A harmonia é regida e alcançada através da interação de forças exercidas e orientadas em diferentes níveis de atuação.

A obra completa de Steiner, toda publicada, contém cerca de 350 volumes com seus livros e ciclos com as mais de 6.000 palestras que foram estenografadas.

Transcrevo aqui, um texto extraído do site da Associação Brasileira de Medicina Antroposófica.

E atenção: Neste livro vou me deter apenas a Quadrimembração, um dos elementos mais significativos da Antroposofia, que é na verdade, muito maior que isso, pois inclui estudos muitíssimo profundos e interessantes do Ser Humano, entre eles a Trimembração, a Biografia Humana, os temperamentos, etc. Trata-se de um estudo maravilhoso para obtermos a verdadeira compreensão do Homem e seu papel no Planeta Terra.

> *"Os quatro elementos constituintes do ser humano ou Quadrimembração: 'O homem é o que ele é através do corpo físico, do corpo etérico ou vital, do corpo astral (alma) e do Eu (espírito). Ele deve ser visto como homem sadio a partir desses membros; ele deve ser percebido, quando doente, no equilíbrio perturbado deles; para sua saúde, devem ser encontrados medicamentos que restabeleçam o equilíbrio perturbado'."*

Elementos fundamentais para uma ampliação da arte de curar:

> *Segundo Rudolf Steiner e Ita Wegman,*
>
> *Uma das maneiras de apresentar o homem à luz da Antroposofia, é relacioná-lo com a natureza ao*

seu redor. Nessa abordagem, o homem é visto como um ser que compartilha semelhanças com os reinos mineral, vegetal e animal, mas que também se distingue deles pela presença da sua autoconsciência.

Podemos dizer que o homem guarda em si todos esses reinos, sendo portador de quatro estruturas essenciais, de quatro elementos constituintes, também chamados de "corpos" no jargão médico-antroposófico.

Corpo físico: é a estrutura sólida, material, palpável e mensurável, sujeita às leis da física e da química. É o corpo que compartilhamos com os minerais. É uma estrutura totalmente inerte e morta quando não permeada pelo segundo elemento (corpo etérico).

Corpo Etérico ou Vital: são as forças responsáveis por todo o princípio da vida, seja nos vegetais, animais ou seres humanos. O corpo vital nos dá a possibilidade de desenvolvermos vida vegetativa: crescimento, regeneração e reprodução.

Corpo Astral (corpo anímico ou alma): são as forças da consciência, presentes nos reinos animal e humano, e que formam o fundamento para uma vida sensitiva. Tem um papel de 'organizador' dos processos vitais e, de maneira didática, podemos dizer que ele se manifesta como sistema nervoso e vida psíquica.

Organização do Eu (espírito): é o elemento característico do ser humano, que o distingue dos demais reinos e seres da natureza. É o responsável pela atuação saudável dos demais corpos e o aparecimento do andar ereto, da fala e do pensar. É a nossa individualidade, nossa entidade espiritual. Relaciona-se com os processos de calor no âmbito do organismo.

Uma analogia pode ser feita com os quatro elementos da medicina hipocrática e também da alquimia: terra (corpo físico), água (corpo etérico), ar (corpo astral) e fogo (Eu)".

CAPÍTULO 1

O CORPO FÍSICO

Nosso corpo físico é composto de elementos químicos em uma organização que contempla a própria formação do planeta, da natureza. A disposição destes elementos, está em uma formação capaz de organizar a vida.

São tecidos e sistemas. Órgãos em sintonia.

Carbono, Nitrogênio, Fósforo, etc.

Costumo dizer, que nosso corpo físico se resume ao que fica no caixão quando falecemos. Também, é importante salientar que na Natureza observamos os Reinos Mineral,

Vegetal e Animal, e que nosso Corpo Físico então, é diretamente relacionado ao Reino Mineral.

O Reino Mineral vive em nós.

Quero compartilhar aqui dois parágrafos importantíssimos, completos, de Rudolf Steiner em duas conferências proferidas em Berlim, em 28 de janeiro e 18 de fevereiro de 1907, a respeito do Corpo Físico:

> *"Consideremos o corpo físico. Ele é composto das mesmas forças e da mesma matéria que o mundo aparentemente inerte ao nosso redor. Esse corpo físico, jamais poderia existir se não fosse compenetrado e reconstituído pela matéria e pela força do mundo físico que o circunda. Verdadeiramente, o corpo físico é uma estação permanente de passagem para tudo o que nele temos. Aí penetra e daí sai a variada matéria que constitui o universo exterior, tal como temporariamente se acha em nós. Muitas vezes já expusemos aqui, que toda conexão material do corpo humano se renova no decorrer de sete anos. Em nenhum dos Senhores, se encontra a matéria que possuíam ha dez anos. O Homem renova constantemente a matéria do seu corpo físico. O que se achava em nós naquela época se encontra hoje espalhado na natureza exterior, e outra matéria penetrou em nós. A vida do corpo necessita de uma contínua entrada e saída de matéria".*

O Reino Mineral tem sua representação e compõe no organismo a constituição básica do nosso organismo.

Na visão simplória do Ser Humano, nosso corpo físico já é todo nosso corpo, mas, temos o discernimento que apenas parte deste Todo é o nosso corpo físico, a Matéria propriamente dita.

CAPÍTULO 2

O CORPO ETÉRICO

A questão é simples, o movimento!

Denominamos de Corpo Etérico, a força que cria e mantém o movimento da vida!

A movimento que traz vida à estas moléculas do corpo físico, que traz as relações entre os tecidos, sistemas e órgãos.

Uma perfeição que mostra se houver uma falha de 1/1000 nos leva à morte em minutos. Absoluta perfeição e um controle hormonal que, apesar de todos os estudos científicos, não conhecemos totalmente.

Ainda falta tanto para desvendarmos o funcionamento do cérebro, que podemos afirmar estarmos engatinhando ainda.

A memória!

Dormirmos e acordarmos retomando a memória e todo o aprendizado acumulados em uma vida.

A Visão!

A formação das imagens!

A Maternidade!

Você já parou para pensar neste aspecto da maternidade? Somos uma espécie que produz outro ser, dentro do nosso corpo? Dois corpos passam a conviver em um só?

É extraordinário!

Os Rins!

É impossível controlar a filtração glomerular dos seus rins (lógico que pela ingestão de certos alimentos e da quantidade de líquidos e atividades, você pode acelerar ou retardar, mas falo do controle exato, por exemplo, você pode neste momento diminuir a reabsorção de água nas alças de Henle, apenas pela sua vontade?).

A Respiração!

Por que você pode controlar a sua frequência respiratória quando quer e quando esquece, a sua frequência respiratória adota um ritmo independente da sua vontade e passa a ser controlada pela necessidade?

O espetáculo da fisiologia humana. O "entendimento" entre os órgãos. O maravilhoso entendimento entre os órgãos. Como é possível?

O trabalho cardiocirculatório: Ressalto uma TOTAL mudança que ocorre no exato momento da primeira respiração. Um momento mágico da expansão dos pulmões e o fechamento da circulação placentária-obliteração da circulação no ligamento redondo.

Como tudo isso ocorre?

Reflitam:

No desenvolvimento do ser humano, passamos por um processo de aperfeiçoamento e devemos saber que:

1. **Este aperfeiçoamento ainda não chegou ao seu final. Estamos em franca evolução.**
2. **As influências do Ambiente são decisivas em acelerar ou retardar este aperfeiçoamento e adaptação interna da fisiologia humana. Por isso desde já precisamos ter bem claro, e isso é fundamental para a compreensão deste tema: a <u>Constituição do Ser Humano de Dois mil anos atrás, NÃO é a mesma de hoje.</u>**

Não pode ser, pois além do ambiente (ecossistema, nutricional, estresse, estilo de vida, etc.), a relação bioquímica é ágil, é dinâmica e contínua.

Vou dar um exemplo muito atual.

A Vesícula Biliar:

A Alimentação dos primeiros tempos, dos homens das cavernas, era basicamente de alimentos ricos em gorduras, não cozidos logicamente e longos períodos em jejum.

A vesícula biliar promove um aporte significativo de bile na ingestão de um alimento mais gorduroso e cru, então a digestão é processada.

Durante toda a evolução da humanidade e extraordinariamente após a segunda metade do século XX, ocorreu uma substancial mudança em nossa alimentação e uma diminuição da necessidade deste aporte da bile.

Esta diminuição do aporte da bile traz um fluxo lento de bile na Vesícula e nas Vias Biliares.

Agora vamos somar a esse fluxo lento, uma bile de má qualidade, quero dizer, uma bile provinda de um metabolismo hepático, diferente, em uma alimentação sobrecarregada "quimicamente" por organofosforados, produtos de frituras, gorduras, etc. E o que teremos? Uma cristalização aumentada ou um agrupamento gorduroso que leva aos cálculos biliares e às doenças da vesícula biliar. Podemos chamá-la de doença da civilização, por que não?

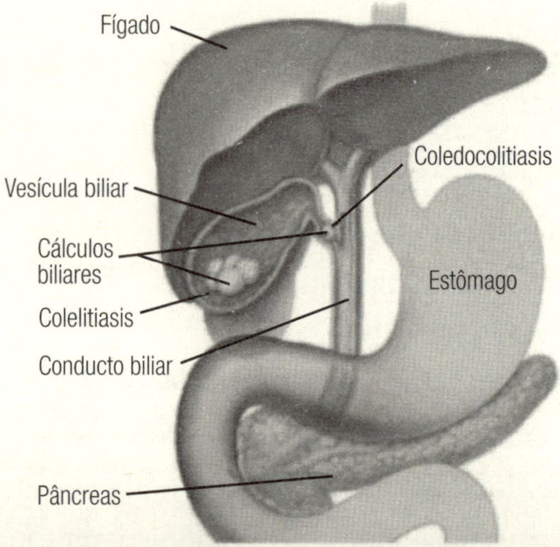

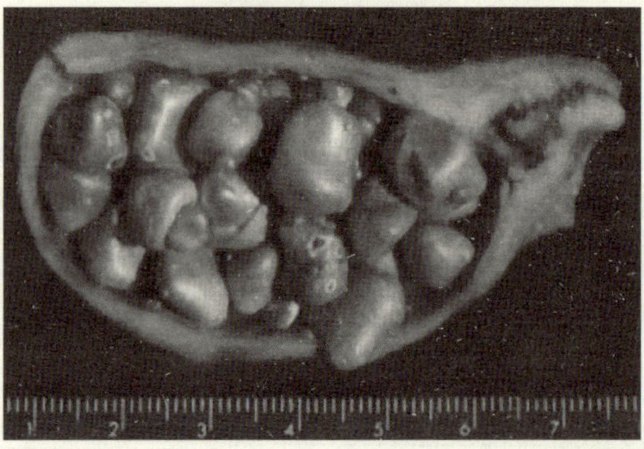

Mais um exemplo:

O ser humano se tornou o único animal a ser portador de doenças coronarianas, arteriais e venosas, hemorroidas e varizes.

Tudo também devido a mudanças da evolução. O fato de começar a andar sobre seus dois pés e mudanças nos hábitos alimentares, a enorme falta de fibras e seu terrível estilo de vida em sedentarismo, obesidade e obstipação intestinal.

A sabedoria na construção deste ser humano de hoje, teve de apressar adaptações sobre adaptações para que o corpo físico seja mantido vivo pela atuação das forças etéricas, das forças do corpo etérico.

Mais...

Quer mais um exemplo que considero interessante? O quinto dedo dos pés. A função primordial dele é o equilíbrio, e o que observamos há um desuso deste quinto dedo, pois não necessitamos mais dele para o equilíbrio, pelo uso constante de calçados. E o desuso leva à atrofia, neste caso à diminuição de tamanho e importância.

Cada vez mais a adaptação plástica do organismo atuando no corpo físico, pela interação com o corpo etérico.

O Reino Vegetal

Enfatizo este assunto, pela sua importância no direcionamento de minha linha de raciocínio. Celebre o conceito de que o Ser Humano abriga em si toda a Natureza, todos os reinos da Natureza.

Sua representação consiste em todas as características que o fazem tão especial.

O reino vegetal, tem características que trouxeram ao ser humano suas capacidades extraordinárias de Regeneração, Vitalidade, Crescimento e Duplicação!

Como os vegetais.

Os vegetais possuem uma regeneração rápida, uma vitalidade surpreendente, um crescimento sem igual e uma duplicação fácil e necessária à vida!

Nosso organismo também tem esta capacidade adquirida e exercida em nossos órgãos, semelhantes aos vegetais.

O Fígado

O Fígado, por exemplo, é sabido que é possível ressecar até a metade do órgão que ele se regenera, quase que totalmente, com sua função mantida.

Na língua inglesa fígado é denominado LIVER, ou seja, aquele que vive o vivente!

Por isso denominada:

A Árvore Biliar!

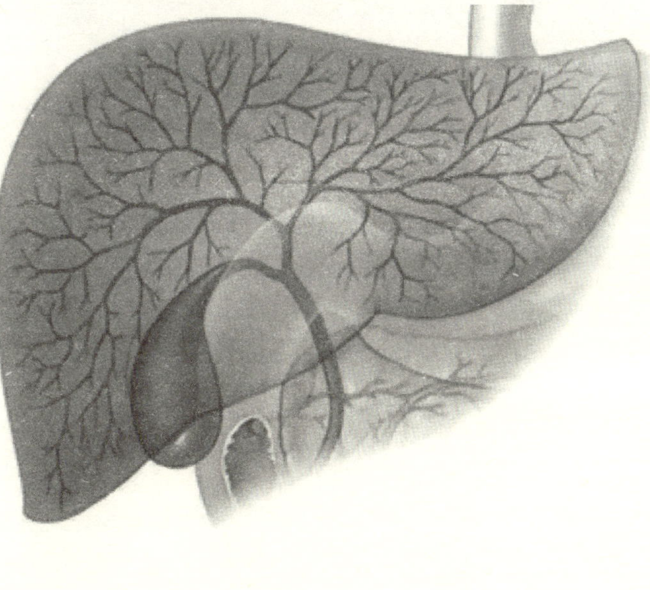

A Pele

Pense na sua pele, você com certeza já se cortou ou viu alguém que se cortou ou se machucou. Pense como ela se regenera e até consegue esquecer onde foi o corte, muitas vezes.

Os Pulmões

Um órgão fantástico, com capacidade de regeneração e uma função incessante de manutenção da vida.

A Árvore Brônquica!

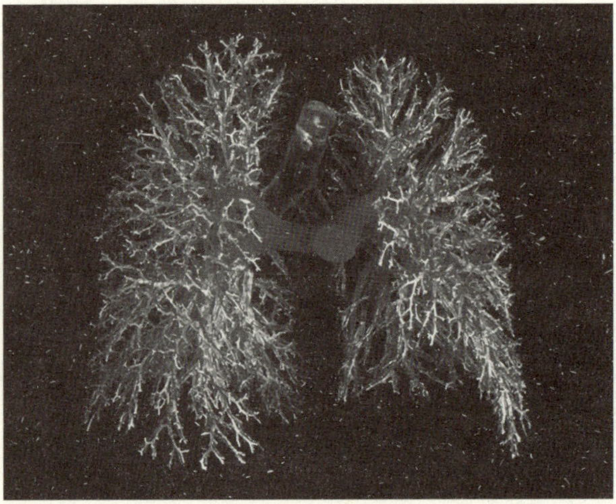

CAPÍTULO 3

O CORPO ASTRAL

Também, segundo Rudolf Steiner:

"O Corpo Astral é portador de tudo que vive no Homem como instintos, paixões e desejos; ele é portador de tudo que vibra na alma humana, como alegria e sofrimento, prazer e dor".

A maior e mais intensa área do Ser Humano é a das Relações.

Outra questão:

Lembra-se das questões de sua juventude?

Da enorme carga emocional que você impunha aos acontecimentos?

Os sofrimentos de Amor?

As procuras pelas verdades sociais?

A enorme vontade de consertar o Mundo?

O que acontece?

Criando forças a partir dos 14 anos de idade, no período da adolescência, as emoções e sensações desabrocham e tomam conta de nós.

Sentimentos de amor e interesse pelo sexo oposto.

O "frio na barriga" de um encontro.

Poesias.

Tudo isso combinado com a então possibilidade de procriar, pois o desenvolvimento completo das gônadas e hormônios sexuais, assim o permite. Um ser completo, capaz de criar outro ser, traz nas emoções a vontade de procurar o amor. Começando pelos instintos, pela fisiologia e terminando num grande amor.

Animais verdadeiramente mostram suas emoções. Um cachorro feliz em te ver, quem nunca presenciou isso?

Um cachorro triste, com saudades de seus donos?

Quem nunca viu uma leoa cuidando de seu filhote. Um chimpanzé flertando.

Os pássaros. Sim. Os pássaros. Pense neles.

Quando você era jovem, você comia como um leão brigava como um touro, urinava como um cavalo, vivia assobiando como um passarinho e se aninhava no colo de sua mãe como um gatinho.

Andava com seus amigos em bandos.

Saia em grupos e "gralhavam" sem parar.

Tinha bandas, grupos, times de futebol ou de esportes, equipes, corais, etc.

Uma matilha.

A sua identidade era a identidade do grupo.

Se o grupo fosse atleta, sua identidade era de atleta. MUITO atleta.

Se o grupo fosse religioso, sua identidade era religiosa. Muito religiosa.

A Relação com o reino animal é grande.

A afinidade demonstra emoções. Alegria, tristeza, dor.

Afeto e Companheirismo.

Os animais possuem íntima relação com sentimentos, instintos criados e desenvolvidos em relacionamentos. Como os jovens!

O AMOR! Ah o amor...

Ela era perfeita. Ele era perfeito.

Bastava virar para te olhar, e você já imaginava aquela virada em câmera lenta, o sorriso perfeito, o cabelo, a pele, até música de fundo tinha (a "nossa" música), "não sei viver sem você", muita emoção.

Permitam-me abrir um parêntesis aqui:

(Mais tarde, neste livro vou discutir o aprofundamento da individualidade do Homem.

Aqui quero deixar um exemplo que não sou a favor e uma sugestão.

Muitos casais se apresentavam como:

"Esta é a Maria, ela é a metade da minha laranja".
"Este é o João, ele é a metade da minha laranja".

Assim a pessoa será sempre uma metade!!!

Entendem? Minha projeção é (principalmente para os jovens), façam sempre por serem uma laranja inteira. Tenham um companheiro laranja inteira.

Assim é a conquista da felicidade plena.

Fecho parêntesis.

Agora completamos os três reinos da natureza que são encerrados no Homem.

A natureza não é a praia, o mar, a montanha, a nuvem, o vento e sim o próprio Homem.

A Natureza não se encontra fora do Ser Humano, mas sim "Dentro" dele.

O Homem carrega em si similaridades e em seu íntimo e constituição, os três Reinos da Natureza.

Quem dirige estes Três Reinos?

Quem comanda?

CAPÍTULO 4

A INDIVIDUALIDADE – EU

Reforçando que Os Três Reinos da Natureza integram o Ser Humano, conseguimos absorver o conceito que a Individualidade Humana ou a Identidade, que chamamos de EU, é a responsável por ter todo o domínio, na verdade, toda a posse destes três reinos em prol de seu desenvolvimento.

A palavra "humano" desmembrada, fica:

Hum + Mano

Sendo que:

HUM de HÚMMUS - MANO de MÃOS

Ou seja:

O ser que trabalha o "húmus", com as "mãos".

Segundo o site: http://pt.wikipedia.org, a definição de hùmmus é Húmus ou humo, é a matéria orgânica depositada no solo, resultante da decomposição de animais e plantas mortas, ou de seus subprodutos.

O Hùmmus que o Homem trabalha é altamente fértil e resultado da junção dos três reinos.

Não é significativo?

O Ser Humano em sua essência domina, comanda, conduz, orienta e se utiliza dos três reinos para cumprir sua passagem nesta vida".

Aqui, precisamos parar um pouco. Quero que você faça o seguinte movimento: continue segurando o livro. Tire os olhos dele, olhe para a porta e pense assim:

"- *Vou até a porta e vou abri-la*".

Como funciona?

Você decidiu ir até a porta e abri-la.

Depois seu cérebro venceu a inércia e através de uma vontade de ir até a porta, enviou mensagens para seus músculos, pelos nervos, em reações bioquímicas que você nem imagina que exista, canais de cálcio, bombas de energia, viagens hormonais maravilhosas, para que exatamente determinados músculos de suas pernas se contraiam, o levante e ande.

E tudo continua.

Você atinge exatamente a distância correta da porta e suas mãos agarram a maçaneta e gira, num movimento já aprendido e ensaiado milhares de vezes em sua vida.

A sua individualidade, o seu "Eu", decidiu abrir a porta.

Determinou à vontade, o fazer do caminho do Corpo Astral (O que fazer), que por sua vez impulsionou o seu Corpo Etérico (Como Fazer), que moveu, movimentou todo, veja bem, todo o seu Corpo Físico.

Concluindo meu raciocínio, o Ser Humano é a Entidade ou Individualidade, que tem consciência de si própria, capaz de mudar e transformar o planeta, por sua livre iniciativa e livre arbítrio, se assim o desejar.

Poema Antroposófico

O Homem Tetramembrado[1]

Sou homem, sou corpo e pedra.
Fraterno com a pedra e o solo.
Com o peso, o denso e a matéria.
Com a dor e a melancolia

Sou homem, sou vital, vegetal.
Fraterno com o vivo e o verde
Com subverter a gravidade
Permitir o verdadeiro milagre.

1 (http://www.usinadeletras.com.br/Marcio Filgueiras de Amorim)

Sou homem, sou alma e animal.
Fraterno com a paixão e a emoção.
Sou alma, sentimento e pulsão.

Sou homem, sou espírito e Eu.
Fraterno com o que transcende
Busco o bom, o belo e o justo.

Capítulo 5

Intermezzo

O Pai Nosso

A ORAÇÃO DE JESUS, ao PAI

Em Espírito e Verdade, o Evangelho de Jesus, segundo Mateus, capítulo 6, versículos de 9 a 13:

Portanto, vós orareis assim:

Pai nosso,

que estás nos céus, santificado seja o teu nome;

Venha o teu reino, seja feita a tua vontade, assim na terra como no céu;

O pão nosso de cada dia nos dá hoje;

E perdoa-nos as nossas dívidas, assim como nós perdoamos aos nossos devedores;

E não nos deixes cair em tentação; mas livra-nos do mal; porque teu é o reino, o poder e a glória, para sempre.

Amém.

A Oração de Jesus ao Pai, é composta de sete súplicas que honram os sete corpos constituintes do Homem.

Sete?!?

Não eram quatro?

Vou explicar:

Filosofias da antiguidade e a Teosofia consideram o Homem da seguinte maneira:

Os quatro corpos, correspondem a formação do Ser Humano neste planeta.

Mas, preciso discorrer com o olhar espiritual para o desenvolvimento de sua alma, de seu espírito, que no Universo dispõe para nossa completa união.

Quero que vocês conheçam e aceitem os três caminhos espirituais formadores do Homem Divino: Três caminhos constituintes da Natureza SEPTUPLA do Ser.

São eles: o Manas, o Buddi e o Atma.

Vejam o texto:

"O Homem, assim como a natureza, é chamado de saptaparna (planta de sete folhas), simbolizado geometricamente por um triângulo sobre um quadrado. Nesta constituição setenária, podemos entender o Atman como a coroa que encima a constituição humana (a ponta superior do triângulo), fornecendo-lhe o seu espírito imortal.

Podemos dizer que a Tríade superior é a parte imortal da natureza humana, o 'espírito' e alma da terminologia Cristã, enquanto que o Quaternário inferior é a parte mortal, o 'corpo', do Cristianismo."[2]

Como funciona isso:

A tetramembração, como já estudamos, e agora no nível espiritual: A trimembração que compõem nosso espírito e alma.

Vejam então como fica do mais denso para o menos denso:

1. Corpo Físico
2. Corpo Etérico
3. Corpo Astral
4. EU
5. Manas: Alma Humana ou Mente Divina (mais próxima do Homem)
6. Buddi: Nossa Alma Divina
7. Atma: Raio do Absoluto – nossa Essência Divina

Deixe-me mostrar as correspondências com cada frase da Oração:

Pai nosso,
Que estás nos céus, santificado seja o teu nome;

CHAMAMENTO – ACLAMAÇÃO, EXALTAÇÃO

Venha o teu reino,

ATMA (A essência divina do Homem)

2 Texto extraído de: http://pt.wikipedia.org/wiki/Sete_princ%C3%ADpios_do_homem

seja feita a tua vontade,

BUDDHI (Nossa alma divina)

assim na terra como no céu;

MANAS (alma mais próxima do homem/contato)

O pão nosso de cada dia nos dá hoje;

O CORPO FÍSICO

E perdoa-nos as nossas dívidas, assim como nós perdoamos aos nossos devedores;

O CORPO ETÉRICO

E não nos deixes cair em tentação;

O CORPO ASTRAL

mas livra-nos do mal;

EU – Individualidade

Porque Teu é o Reino

Reconhecemos que o Planeta Terra está sob orientação e autoridade do Pai.

Ok!

Por quê?

Nenhum outro conjunto de filosofia de vida, de normas de condutas, consegue atingir TODAS as faces de todas as situações de nossas vidas, Um Manual completo!!!

Você pode seguir qualquer outra orientação que não será completa!

Por isso adotei esta que é conhecida como um código de orientação moral: o Evangelho.

Porque Teu é o Poder

Você conhece um homem quando dá a ele TODO o poder.

Muito simples: você investe todo o poder para uma pessoa, sem limites, e ele revelará quem de fato é.

O Cristo, em sua trajetória nesta Terra, demonstrou o Poder e AUTORIDADE com LIDERANÇA.

Quando falamos de PODER E AUTORIDADE imaginamos no autoritarismo, na violência, na Não Discussão em termos de decisões, na obediência cega, no não partilhamento de decisões.

Mas com Jesus, reconhecemos uma Autoridade repleta de afeto, aceitamos sua Autoridade, concedendo-lhe todo o Poder.

Incrível! Não? Depois de mais de 2000 anos?

E GLÓRIA PARA SEMPRE!

Nada mais Justo!

Muitas vezes, os "engenheiros de obras feitas" recebem glórias e mais glórias.

Mas com ELE é diferente, nós não Lhe concedemos as Glórias e ainda ficamos felizes com isso.

Porque a Glória é, indiscutível, adquirida pelos ensinamentos que ELE nos passou, e sem dúvida nos ajudou e ajuda a enfrentar Todos os desafios desta vida.

Engraçado, que a gente não percebe Jesus envaidecido, por ter esta "Glória", não é? A gente percebe, em nossas vidas, um conforto de ter um Glorioso Pai ao nosso lado.

Glorioso > com toda a Glória.

Em minha opinião, uma afirmativa desta nos coloca em posição de admiração e reconhecimento, pela grandeza da autoridade de Deus em nossas vidas.

E este reconhecimento é maravilhoso, porque mostra uma condição de sermos, além de gratos, dedicados ao AMOR que emana da condução de nossas vidas na Sua devoção.

Amém.

Transcrevo o significado da palavra Amém:

Amém é um anagrama da frase hebraica "Ani Maamim" que a tradução literal para a língua portuguesa é "Eu Acredito". Tendo também adquirido como o passar do tempo o significado na linguagem popular de concordância de pensamento ou sinônimo de expressão em relação à esperança futura como por exemplo: "Que assim seja".[3]

Anjos e Arcanjos:

O texto a seguir, mostra como no passado havia maior possibilidade de contato com seres espirituais (anjos e arcanjos), pela intensa ligação entre o Homem Superior e o Homem Inferior.

3 Extraído de http://pt.wikipedia.org/wiki/Am%C3%A9m

A Tríade (Um triângulo), sobre o Quaternário (um quadrado), são seus símbolos.

A Harmonia entre a sua entidade superior e a inferior, conduziu o ser humano durante milênios, a uma evolução lógica e contínua.

Exatamente esta interação (mais forte ou mais fraca), condiz à consciência que, no passado, tínhamos dos seres espirituais.

Muito mais intensa do que vivemos agora, o que nos coloca numa enorme dificuldade em compreendermos, aceitarmos e mesmo conseguir estes contatos.

Esta ligação forte do passado, permitia uma interação, o que em dias atuais, ao contrário, numa ligação tênue, não nos permite este tipo de aceitação.

Este contato mais forte nos dava consciência do mundo espiritual.

Através desta premissa, que pretendo recorrer para podermos entender o número enorme de aparições de anjos, arcanjos e outros seres que se manifestaram trazendo mensagens, explicando, conduzindo a vida neste planeta.

Detalhe: ainda hoje, ocorrem estas interferências, mas nossa consciência não nos brinda. Você já teve alguma intuição? Parecia alguém te dando as soluções? Ideias diferentes? Mudanças de atitudes por alguma razão? Quem não as teve? A vida é recheada destas "coincidências"... são coincidências então?

Esta ligação entre a Tríade Superior e o Quaternário Inferior, desloca o poder de consciência com este tipo de colocação dos seres espirituais.

Todas as religiões que creem na Bíblia Sagrada, passam por momentos difíceis de encontrar uma explicação lógica, para os fenômenos de contatos entre os anjos e arcanjos e a humanidade da Terra.

Pois bem, em minha visão, embasada nesta teoria, é mais simples observar que esta incrível ligação, nos elementos constituintes do ser humano, permite que a consciência da Tríade Superior, possa trazer ao nosso dia a dia, impressões da intensa vida no mundo espiritual.

Vou repetir este texto para que fique claro, muito claro, que independente da religião, possamos trabalhar mais livres, não evitar este assunto e não iniciar um longo e interminável debate em torno do "espiritismo" ou da Fé na Palavra de Deus.

Tudo se desenrola, pelo forte laço entre os membros constituintes do Homem no passado e o fraco laço da atualidade.

Observação Importante: Saiba que esta situação é necessária hoje para podermos exercer o livre arbítrio e aprofundarmos nossa consciência, nossa individualidade.

Concluindo a discussão sobre o Pai Nosso.

A oração do Pai Nosso é extraordinária.

Para alguns representa um Mantra, para outros a completa contemplação de todos os desejos e direitos do cristão, além de toda a sabedoria do Mestre.

A Antroposofia explica a representação mais linda que conheci e quero dividir esta maravilha com você.

Cada vez que oramos o Pai Nosso, ou meditamos com base no Pai Nosso, estamos "contemplando" os Sete elementos do Homem em toda a sua caminhada por este planeta.

E concordem comigo: é maravilhoso sabermos que o Mestre nos ensinou, como deveríamos exercitar a sintonia com o nosso mais profundo Ser, para que ele adquirisse Equilíbrio Exato, nos seus Sete elementos constitutivos.

A seguir, analisem a figura, contemplem e

Orem!

Sintam-se Equilibrados!

Re–ligados (religar – religiar – religião)

Revigorados

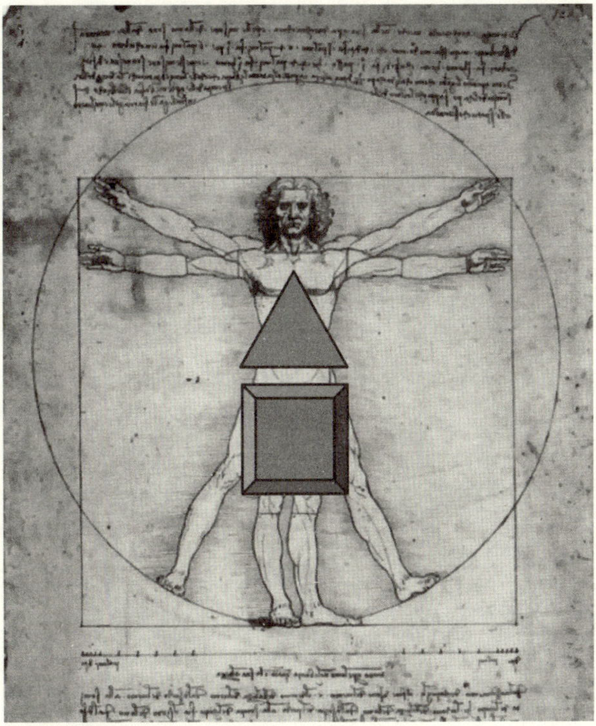

Capítulo 6

A Plasticidade do Ser Humano

Vou explicar e relacionar a mudança no ritmo da plasticidade dos tecidos humanos no decorrer do tempo.

E deixar claro que Jesus possuía e possui poder absoluto sobre esta plasticidade independente do decorrer do tempo.

Conceitos, conceitos e mais conceitos.

A diferença é que este conceito é muito lógico.

Repito: Lógico e sem nenhuma questão esotérica envolvida.

Lógico porque esta "plasticidade" é algo que é vista diariamente por nós. Vista e vivenciada. Basta sofrermos um arranhão que seja, um mísero arranhão, que em alguns dias presenciamos o milagre da natureza humana que é o milagre da total recuperação.

Mais alguns dias e... Nenhum Sinal... como se nada tivesse acontecido.

Mesmo uma ferida feia pode se transformar, algumas vezes, em um "risquinho".

Médicos sabem da incrível força de reestruturação do fígado. Ele praticamente se "refaz".

Podemos chamar este fenômeno de reparação de plasticidade?

Capacidade de transformar tecidos? Reparar?

Podemos dizer que este trabalho que o corpo humano possui se resume em uma "plasticidade"?

Ele se refaz.

Ele se transforma, reparando, crescendo tecidos, se multiplicando.

Um verdadeiro exército de células sabiamente coordenado, marchando a favor de uma mudança estrutural e produzindo uma reparação tecidual.

Vejam a cascata de uma reparação celular:

> *"O processo de reparação tissular compreende dois mecanismos de restauração dos tecidos: a regeneração e a cicatrização.*
>
> *A regeneração ocorre com reposição tissular 'original'. O trauma inicial gera uma resposta inflamatória aguda, manifesta através de edema e formação de exsudato seroso, rico em leucócitos, que cessa em menos de 24 horas. As células epidérmicas, das margens da ferida e das invaginações epidérmicas dos folículos pilosos e glândulas sudoríparas e sebáceas começam a proliferar e migrar no leito da ferida, ocluindo rapidamente sua superfície.*
>
> *O processo de cicatrização de feridas é composto de uma série de estágios complexos, interdependentes*

e simultâneos, que são descritos em fases. Do ponto de vista morfológico, identificam-se três fases consecutivas, havendo um dinamismo com sobreposição entre elas.

Fase inflamatória

Imediatamente após a lesão há vasoconstricção por 5 a 10 minutos, inicialmente reflexa, propiciando o fechamento dos vasos lesados. Em seguida, as células endoteliais retraem-se e perdem suas conexões, aumentando a permeabilidade vascular e permitindo a passagem dos elementos sanguíneos para a ferida; plasma, eritrócitos e leucócitos através do fenômeno de diapedese. Esta vasodilatação com extravasamento de elementos para o exterior do vaso forma um exsudato, traduzido clinicamente por tumor, calor, rubor e dor, cuja intensidade correlaciona-se com o tipo e grau de agressão.

Juntamente com todas estas alterações, que correspondem a resposta vascular, existe uma resposta celular. Algumas células são importantes nesta fase: os neutrófilos são responsáveis pela digestão de bactérias e tecidos desvitalizados e os monócitos transformam-se em macrófagos e auxiliam na fagocitose de bactérias e restos celulares. Após o trauma, são liberados mediadores celulares, os quais estimulam a elaboração de substâncias, que desenvolvem o fenômeno inflamatório (histamina, serotonina, bra-

dicinina, prostaglandinas e tromboxanes, linfocinas, interleucina 1 e 2).

O fator de crescimento é liberado pelas células epidérmicas e plaquetas. Inúmeros fatores de crescimento e mediadores têm sido estudados e sua influência na cicatrização de feridas.

Fase de Fibroplasia ou Proliferativa

Nesta fase ocorre a reparação do tecido conjuntivo e do epitélio. Na reparação do tecido conjuntivo ocorre a formação do tecido de granulação, com proliferação endotelial e fibroblastos. O fibroblasto surge por volta do segundo e terceiro dia após o trauma, sendo uma célula fusiforme, com núcleo oval, de origem controversa. O fibrinogênio do exsudato inflamatório transforma-se em fibrina, formando uma rede, onde os fibroblastos depositam-se e passam a multiplicar-se e a secretar os componentes proteicos do tecido cicatricial.

Concomitante a esta fibroplasia, ocorre intensa proliferação vascular. Este tecido formado por fibroblastos, substâncias produzidas por eles e vasos sanguíneos é denominado tecido de granulação, clinicamente apresentando-se com aspecto granuloso e avermelhado.

O mio fibroblasto é uma célula que está presente no tecido de granulação e confere capacidade contrátil, reduzindo a área cruenta e facilitando a epitelização. A atividade mitótica do fibroblasto praticamente desaparece em torno do 15º dia. Estes passam a secretar as proteínas presentes no tecido de granulação, produzindo componentes da substância fundamental e colágeno. A substância fundamental é formada por água, eletrólitos e glicosaminoglicanos, tem aspecto semelhante a um gel e está distribuído entre fibras do tecido conjuntivo. A formação do epitélio é outro fenômeno que ocorre na fase de fibroplasia. Esta epitelização faz-se pelo aumento de tamanho, da divisão e da migração das células da camada basal da epiderme por sobre a área de reparação do tecido conjuntivo subjacente. Nas feridas com perda total da derme, a epitelização se faz apenas das margens da mesma, pois não há anexos cutâneos remanescentes.

<u>Fase de maturação</u>

Nesta fase ocorrem dois eventos importantes: deposição, agrupamento e remodelação do colágeno e regressão endotelial. A remodelação do colágeno inicia-se na formação do tecido de granulação e mantém-se por meses após a reepitelização. As colagenases e outras proteases produzidas por macrófagos e células epidérmicas dão direção correta às fibras colágenas difusas. Há diminuição de todos os elementos celulares, inclusive fibroblastos, bem como dos elementos do tecido conjuntivo.

A regressão endotelial ocorre através da diminuição progressiva de vasos neoformados, clinicamente a cicatriz se torna menos espessa, passando de uma coloração rosada para esbranquiçada.

A cicatrização de feridas pode ocorrer por primeira intenção, quando não há perda de tecido e as extremidades da pele ficam justapostas uma à outra, por segunda intenção, que ocorre em feridas onde houve perda de tecido e as extremidades da pele ficam distantes umas das outras, sendo necessária formação de tecido de granulação até que a contração e epitelização aconteçam, ou por terceira intenção, em que a ferida é deixada aberta por um determinado período, funcionando como cicatrização por segunda intenção, sendo suturada posteriormente, como cicatrização por primeira intenção. 'Este procedimento é empregado geralmente nas feridas cirúrgicas com infecção'.".[4]

UFA!!!

Trouxe como exemplo uma reparação tecidual por trauma, mas podemos conjecturar para outras grandes mudanças no corpo humano, nos órgãos, na gestação, no mecanismo das doenças, na ação dos medicamentos, enfim...

Então, você concorda que estas mudanças são reais? São físicas e coordenadas por nossa sabedoria bioquímica? A isso podemos chamar sim de "plástica" tecidual.

4 (Retirei este texto, muito bem escrito, do blog: https://br.answers.yahoo.com/question/index?qid=20060915122502AA8I3Lz)

E assumimos que existe esta plástica nos tecidos que no entendimento da Ciência Antroposófica é coordenada (didaticamente explicando), pela interação dos Corpos que compõem a Individualidade Humana, ou seja, entre os Corpos Etérico e o Físico, regidos pelo corpo Astral, totalmente coordenada pela Vontade do "EU".

Aqui devemos exaltar o Poder de Jesus Cristo na atividade dos corpos das pessoas. E apenas Ele detinha este Poder Próprio, uma força de atuação emanada Dele, cuja atividade de restauração seria capaz de se completar.

Estas denominações, servem para que possamos compreender um fenômeno que não tem nada de místico e sim de uma lógica, que compõe uma série de acontecimentos capazes de trazer, no caso exposto, uma reparação celular, tecidual e até mesmo de um órgão.

Pois bem...

A plasticidade depende FUNDAMENTALMENTE desta interação de forças.

Numa reparação dizemos, também a fim de entendimento mais razoável, que o Corpo Etérico "mergulha" no corpo físico, modificando sua estrutura.

Por todos os fenômenos já explicados a nível molecular anteriormente.

Aqui está o ponto:

Este "mergulhar", ocorre de maneira diferente na História da Humanidade. De acordo com a evolução e o momento da História do Homem.

O nível de Autoconsciência determina isso.

Explicando:

Nos primórdios da Civilização, o Homem possuía um nível de consciência que o aproximava mais do plano das ideias, dos pensamentos, da imaginação e menos da sua natureza puramente humana.

Um nível de consciência, que buscava um diferente "mergulho" da individualidade do EU, nos corpos Astral, Etérico e Físico.

Esta influência mais suave do EU nos outros corpos, proporciona uma "plasticidade" diferente, uma plasticidade maior, uma capacidade de mudanças maior do corpo físico, mais rápida, mais ordenada, sem interferências "pesadas", interferências que proporcionariam aos tecidos uma capacidade regenerativa melhor, assim como o fígado e a pele, ainda hoje a conservam.

No decorrer do tempo, a consciência do ser humano foi se tornando cada vez mais "terrena", quero dizer, cada vez mais envolvida em seu dia a dia, cada vez mais materialista, no sentido egocêntrico, no sentido de ser sua realização pessoal acima de tudo.

Exemplo: Até há poucos séculos se morria por um ideal, hoje o homem atual raramente é capaz de morrer por um ideal social.

Cada vez mais envolvido em sua realização pessoal, o homem conduz a sua autoconsciência extremamente enraizada e "pesada" em seus corpos astrais, etéricos e físicos.

(Em outra oportunidade detalharei, mas vá refletindo: esta é a razão da hipertensão arterial essencial.)

Desde milhares de anos a plasticidade do organismo humano vem se mostrando diferente dos dias de hoje.

O que quero mostrar é que o mundo era diferente, a cultura diferente e o corpo humano também diferente.

Aliás, nossa enorme dificuldade em acreditar nas Curas de Jesus, está exatamente neste ponto: em desconhecer que a plasticidade do ser humano é capaz de sofrer mudanças de acordo com a evolução da humanidade.

Reconheço que especialmente para nós Médicos e Profissionais da Área da Saúde e estudantes da Ciência, é MUITO difícil acreditar em milagres ou em curas "espirituais", "esotéricas" ou coisas do gênero.

Só consegui sair do campo da fé e das crenças quando aprendi e compreendi o fenômeno da plasticidade entre os corpos, que compõem a organização do EU, pois se torna aceitável que a capacidade de reparação tecidual esteja, nos dias atuais, completamente diferente de outras épocas e então, completamente diferente da época que Jesus esteve fisicamente entre nós, há mais de dois mil anos atrás.

Então, compreendi que estes processos de plasticidade, podem ser acelerados ou desacelerados, E compreendi e é fascinante saber que Jesus exercia (e exerce) extraordinário poder no ser humano, ativando, controlando, melhorando este processo de plasticidade celular e tecidual.

Aliás, prestem bem atenção:

Jesus transformou esta consciência do Ser Humano.

Este foi um dos motivos da sua vinda. Transformar a consciência do Homem.

ELE trouxe uma orientação diversa do que até então predominava em termos de autoconhecimento. Foi um marco no processo de diferenciação e aceitação de um novo plano de vida, baseado na *individualização* da missão de cada um de nós neste planeta.

Foi um marco, para que a evolução do ser humano se desse de maneira diferente.

O ser humano se torna totalmente responsável pelo seu destino, através da sua atitude diante da caridade.

Trazendo felicidade ao próximo, cada um de nós se torna mais feliz e realizado. A premissa do Amor Maior e desprendimento de sua atuação no mundo, por uma autoconsciência forte e realizadora.

Importante:

Você está se perguntando o que tem a ver a caridade com a capacidade de cura?

ATENÇÃO:

JESUS ensina que, quanto mais afastado da caridade, mais "duro" o homem se torna. Entendam "menos plástico" e "menos acessível", menos passível de curas.

Mais importante ainda:

Um marco de mudança de atitude nasce através do Novo Mandamento de Jesus:

"Amai-vos uns aos outros como Eu vos amei."

Percebam a mudança do teor do mandamento anterior ao Novo Mandamento:

"Ama teu próximo como a ti mesmo" para "AMAI--VOS COMO EU VOS AMEI".

Uma mudança de atitude monumental em relação à magnitude da capacidade do AMOR.

Este processo demanda um esforço enorme hoje. Imaginem a simplicidade intelectual dos homens do tempo de Jesus.

Trata-se de um processo, que solicita um enorme esforço de aprofundamento da consciência do Eu.

Compare os dois:

E o segundo, semelhante a este, é: Amarás o teu próximo como a ti mesmo. Não há outro mandamento maior do que estes. Marcos 12:31

O meu mandamento é este: Que vos ameis uns aos outros, assim como eu vos amei. João 15:12

Novamente você está se perguntando a respeito da relação entre curas e os Mandamentos, principalmente para os dias de hoje.

Explico:

Percebem a diferença entre amar o próximo como a ti mesmo e amar o próximo como Jesus nos amou?

Muitas... milhões de pessoas não se amam.

Tanto não se amam, que estão cansadas de saber que doces faz mal, refrigerantes fazem mal, que frituras, cigarros, sedentarismo, etc., quer dizer, sabem, mas não mudam seus hábitos.

Quem se ama realmente não come frituras, gorduras, fuma, quem se ama se cuida. Cuida do templo em que habita.

Agora venha comigo:

Já imaginou a força que você terá se amar COMO Jesus nos amou?

Uma força gigantesca, capaz de tudo.

De mudar toda a sua própria vida, atuar positivamente no outro e auxiliar a capacidade de se curar.

Vou comentar sobre as Curas pela Fé

Tem total relação com este assunto.

A Fé move Montanhas!

Por vários motivos:

Por que o próprio Jesus em várias de suas curas terminava dizendo:

> *"– Vai, tua Fé te Curou"?*

Eu acredito e vejo em minha clínica de 30 anos que, os pacientes que confiam têm resultados excelentes, mas que confiam mesmo, uma confiança que é uma verdadeira fé.

Confiam em Deus – Fé em Deus.

Confiam em Si mesmos – Fé em Si mesmos.

Confiam em mim – Fé em mim.

Confiam no tratamento – Fé no Tratamento.

A FÉ abre a possibilidade da Cura. Ela bloqueia o negativismo e promove o positivismo.

A Fé possibilita uma influência sutil. E influencia sutil atinge quem? O Corpo Etérico, o Corpo Astral, na raiz dos problemas de saúde, compreende?

Como pode milhões de pessoas em igrejas, se tratando e se curando... São todos charlatões? Todos?

Os médicos acham sempre que o paciente está exagerando, que tudo bem..., mas que o que funcionou mesmo foram os antibióticos.

Mas peço que façam como eu.

Colegas, analisem friamente cada situação.

Analisem o perfil do paciente, e seu estado de humor, seu estado de espírito. É óbvio que ajudará. Além disso, o paciente deve acreditar que o médico é capaz de lhe receitar tratamentos incríveis.

E se, além disso, o paciente amar como Jesus, cuidar da sua vida, do seu organismo, ser uma pessoa boa, merecedora, ser uma pessoa que "atrai" coisas boas, você conhece pessoas assim? Tem pacientes assim?

Este conjunto, amigo, é a FÉ!

E este conjunto, amigo, CURA!!!

Vai, tua Fé te curou!

Mais um assunto interessante para o processo de cura: A Encarnação.

Tornar-se carne, matéria somente.

Vou utilizar um termo aqui, mas não quero que você, de maneira nenhuma, confunda com religião ou outra forma da mesma pessoa reviver várias vezes ou desta pessoa habitar um corpo em uma vida: a encarnação. Vou utilizar esta palavra no sentido de encarnação, como se tornar carne, mais consciente do seu corpo, mais administrador do seu corpo e mais susceptível ao bem-estar carnal, às satisfações carnais e fisiológicas.

Atualmente, a extrema necessidade de satisfazer suas funções fisiológicas, se torna quase que obrigatórias para se atingir a felicidade plena, nas suas mais variadas formas: no comer, no vestir, no beber e no sexo.

O Homem hoje é apenas um Sistema Digestório e um Sistema Sexo-Reprodutor.

Elena Klein

Minha lógica é a seguinte: o ser humano vem passando por um processo de encarnação, cada vez mais intenso, desde seus primórdios há milhares de anos até os dias de hoje. (Atenção: e este processo, de se tornar cada vez mais carne, não está acabado).

Jesus trouxe a mensagem de que devemos fazer o caminho de volta, de que o fato de nos tornarmos carne, e satisfazermos apenas os desejos e necessidades fisiológicas não nos trazem evolução e não colaboramos de maneira nenhuma com a evolução do planeta.

Encarnação inverso de Espiritualização

O processo inverso – a espiritualização, traz a felicidade do ser humano-espiritual que somos.

Equilíbrio!

A consciência de si mesmo, completa, abrange a carne, o espírito.

Apenas com esta consciência, haverá realização plena e sentido na vida.

Qual o sentido da Vida?

Passar por este planeta de férias?

Passar por passar? Passar para torcer por um time?

Para trabalhar o dia inteiro e assistir novelas à noite?

Qual o sentido da Vida?

Para isso trago esta linha de raciocínio.

Quero que reflitam neste raciocínio sobre o processo de encarnação, quero dizer, do fato do homem vir se tornando cada vez mais carne e menos espírito durante os milhares de anos, para que compreendam exatamente os fatos que ocorreram há mais de dois mil anos.

Há milhares de anos...

O Velho Testamento é recheado de histórias de anjos, de mensagens, de aparições, de sonhos, de situações inimagináveis para nós cientistas materialistas, onde a verdade tem de ser palpável.

A verdade é aquela que pode ser reproduzida a partir de um modelo experimental.

Sim, a ciência aceita como verdade quando uma hipótese é trazida da tese à síntese, uma verdade será aceita se realizada e passível de ser repetida inúmeras vezes.

Esta é a realidade, esta é a verdade.

A filosofia que sugiro que aceitem, para que a função deste livro se cumpra, é a filosofia de saber que o corpo humano possuía uma plástica diferente da de hoje, uma plástica mais suave, onde os efeitos de uma força do corpo etérico, poderia ser mais efetiva e mais rápida no corpo físico.

A função deste curso, deste livro, é trazer a você subsídios para que admita que não é necessário ficarmos pautados apenas na fé nos milagres de Jesus, mas na verdadeira possibilidade de que estas curas foram realizadas.

Jesus, o Médico dos Médicos se utiliza de um Poder Próprio, de uma força Sua e que exercida, sobre esta plasticidade de maneira tão eficiente, pode trazer resultados incríveis.

Quero que você, adquira uma confiança enorme e uma absoluta consciência de que a realização espiritual pode te levar ao verdadeiro sentido da vida:

Viver uma Vida que Vale
a Pena ser Vivida!

E para Viver uma Vida que Vale a Pena se Vivida, devemos, uma vez que adquirimos esta noção de ser humano-espiritual, ser capazes de contemplar as atitudes do Bem, contemplar as virtudes do Bem, para que construamos uma vida melhor para nossos semelhantes, neste planeta.

AGORA.

Esta extraordinária compreensão, deste processo de Mergulho do EU na organização dos corpos constituintes do nosso ser, explica duas importantíssimas bases do Velho Testamento e das Curas de Jesus: os Profetas, Profecias e a Ressurreição (tema do próximo capítulo).

CAPÍTULO 7

JESUS VAI VOLTAR

Transcrevo a seguir a letra de uma canção de Roberto Carlos e vamos conversar sobre ela.

Ele Está Pra Chegar
(Roberto Carlos)

Se ilumine na luz das estrelas
Se aqueça nos raios do sol
Se refresque na chuva que cai
Sobre a sua cabeça

Agradeça e respire do ar
Se concentre diante do mar
Se procure e se encontre depressa
Ele está pra chegar

Não se pode negar os sentidos
Tão pouco tapar os ouvidos
Pra fugir das verdades
Que a própria consciência nos diz

Não adianta tentar se esconder
Nem tão pouco querer se enganar
Se procure, se encontre depressa
Ele está pra chegar
Ele está pra chegar

Vista-se no branco desse amor que vem do alto
Busque o céu dos seus pensamentos
Veja que a verdade e as palavras do profeta
Nunca se perderam nos ventos

Pare pra pensar
Pense muito bem
Olhe que esse dia já vem

Pare pra pensar
Pense muito bem
Olhe que esse dia já vem

Pare, pense
Olhe que esse dia já vem

Pare, pense
Olhe que esse dia já vem

Muito breve uma luz vai brilhar
Dessa luz Ele então surgirá
Se materializando ante os olhos
Surpresos do mundo

Não se pode fugir dessa Luz
Dessa força chamada Jesus

Se procure, se encontre depressa
Ele está pra chegar
Ele está pra chegar

Pare pra pensar
Pense muito bem
Olhe que esse dia já vem

Pare pra pensar
Pense muito bem
Olhe que esse dia já vem

Pare, pense
Olhe que esse dia já vem

Pare, pense
Olhe que esse dia já vem

Pare, pense (Aleluia, aleluia)
Olhe que esse dia já vem (Aleluia, aleluia)

Quero apenas destacar duas sentenças desta música e pedir para você, sem preconceitos ou pré-conceitos, refletir, pensar numa pausa e concluir, por que não? As frases são estas:

1. *Não se pode negar os sentidos*
Tão pouco tapar os ouvidos
Pra fugir das verdades
Que a própria consciência nos diz

Apenas para constar 1: Quais são seus mais secretos sentimentos sobre este assunto?

2. Veja que a verdade e as palavras do profeta
Nunca se perderam nos ventos

Apenas para constar 2: Os profetas escreveram acontecimentos do Novo Testamento há mais de 5000 anos! E tudo aconteceu como profetizado!

Jesus vai voltar!

Esta é a crença, esta é a Certeza.

Mas como assim voltar? Voltar de onde? Voltar por quê? E o que Ele irá fazer?

São inúmeros questionamentos que levamos para os religiosos e pessoas baseiam suas crenças em uma fé cega, além dos cinco sentidos.

Sim. Devemos nos preparar para a Volta triunfal de Jesus se não...

Poderemos ser pegos de calças curtas... Ele pode voltar a qualquer momento.

Repetindo o que já disse no início: Este livro emite a minha opinião e o meu modo de analisar várias situações concernentes às Curas de Jesus, Seus milagres e Tudo que se relaciona com o desenvolvimento espiritual individual de todos nós. E a Volta de Jesus é uma delas.

Para começar...

Ninguém volta do mundo dos mortos, se não foi até o mundo dos mortos.

Ninguém volta de um lugar que não foi!

Por que eu digo isso? Pois na verdade, prestem atenção na minha frase:

Morremos verdadeiramente quando somos esquecidos.

Quando ninguém se lembra de nós, morremos quando as pessoas não falam de nós.

Um exemplo:

O meu bisavô.

Não sei absolutamente nada sobre ele. Nunca me contaram nada sobre ele, como ele era, os desafios que enfrentou, as paixões, os dramas, as dificuldades, os exemplos de vida que ele poderia ter deixado para mim. Por causa dele eu estou aqui hoje, mas não sei nada sobre ele. Tudo se passa como se ele não tivesse existido.

Assim será com as próximas gerações. Se não deixarmos um LEGADO, tudo se passará como se nós não tivéssemos vivido...

Prestem atenção:

Dois grandes pontos:

1. O fato das pessoas nos manterem vivas em suas vidas.

2. O Legado.

Com Jesus aconteceu exatamente o oposto da história do meu bisavô.

Primeiro: Sua trajetória desde seu nascimento, SUA MISSÃO, ENSINAMENTOS, ATÉ SUA ASCENÇÃO AOS CÉUS, tudo foi mantido vivo e sua Presença marcando o dia a dia das pessoas através de uma constante lembrança, sempre atualíssima e prática.

Segundo: o extraordinário Legado que Ele nos deixou.

Estes dois pontos são importantíssimos para compreendermos a forte presença Dele em nossas vidas e em nossos destinos.

O mundo cristão se expandiu estudando e distribuindo a Presença de Jesus e Seu Legado de Amor e Dedicação ao Próximo.

Isso O manteve vivo.

Seu legado O manteve vivo

Segundo o entendimento religioso, Cristo é o Senhor deste planeta. (Na verdade, sei que Ele não precisaria utilizar deste tipo de atitude, das pessoas, para se manter vivo, mas a função deste livro é tentar ao máximo tirar o pensamento da fé cega. Da crença pela crença, do "porque sim".)

Voltando:

Dois relevantes fatores fizeram com que a presença de Cristo estivesse "viva" nas mentes e nos corações de TODAS as gerações há mais de 2000 anos.

E isto aconteceu exatamente devido ao EXTRAORDINÁRIO LEGADO que Ele criou e nos deixou.

Seu legado O manteve vivo

Seus exemplos, suas lições, alertas e ensinamentos, fazem parte da doutrina que desde criança transmitimos aos nossos filhos. Pense no seu Legado.

Agora, outro aspecto Vital na minha linha de pensamento.

Voltamos ao seguinte tema: Os Quatro Corpos.

Corpo Físico, Etérico, Astral e o EU individualidade.

Os conceitos acima, são importantíssimos para entendermos o seguinte questionamento que sempre tive:

Por que Jesus foi sempre visto e lembrado como um Jesus com sofrimento, com dor, sempre lembrado pelo enorme padecimento, com certas igrejas mostrando uma figura crucificada, dolorosa, triste, sangrando... na cruz?

Sempre lembrado em sofrimento, tristeza e ainda... por minha culpa!

Os responsáveis pela educação religiosa de minha época (no meu caso e na minha época), me deixavam uma enorme culpa e minha consciência continuamente pesada.

Eu fiz algo extremamente mal. Tão grande foi minha culpa e Jesus morreu por mim. (Mas eu nem sabia o que eu tinha feito... era uma criança... mas carregava uma culpa de não sei o que... e toda vez que eu O via, me martirizava um pouco mais.)

Aliás, falando em martírio, sabemos que várias religiões, durante muitos séculos ensinavam o Autoflagelo. Inclusive, sabemos de vários instrumentos de autoflagelo. Instrumentos cruéis como chicotes, com várias pontas de metal que serviam para o auto martírio. Tive conhecimento de cintas, que cravejavam as pernas de pessoas se martirizando, se penitenciando (esta é a palavra correta), por erros e pecados que nem ao menos sabemos por que.

Cristo de Dor

Séculos com a presença de um Cristo de Dor!

Pois bem.

Minha primeira análise:

Cristo morreu na Cruz.

Seu Corpo Físico morreu na Cruz.

Cristo permaneceu vivo na humanidade em seu Corpo Etérico.

Onde toda a Dor habita.

Todo o sofrimento faz parte do alcance do Corpo Etérico. Durante anos sofremos com Ele, porque sentimos o que Ele sentiu, o que Ele sofreu, nós nos compadecemos e compartilhamos Seu sofrimento, pela vivência do Corpo Etérico de Jesus.

Ele voltou em Seu Corpo Etérico, que na verdade permaneceu vivo e vivenciado por séculos.

Lembro que na Sexta Feira Santa, isso há cerca de 40 anos, eu não podia cantar, brincar, contar histórias engraçadas, sorrir. Eu tinha de ficar triste como se eu acabasse de saber que um irmão meu havia morrido. E lembro-me da culpa que tinha de pensar em coisas boas e engraçadas. Sim... sofri muito.

Mas como provar esta hipótese?

Nos últimos 40 anos aproximadamente, nós estamos presenciando certa revolução na Paixão de Cristo. Percebemos uma mudança, quando jovens trouxeram através de peças teatrais e filmes, uma imagem de Jesus diferente de outros tempos.

Os costumes também mudaram.

Uma das primeiras peças que surgiram foi *Jesus Christ Superstar* e logo em seguida *Godspell.*

Lembro da extrema alegria que senti em ver Jesus diferente do que estava habituado com tristeza.

Vi um Jesus alegre, um Jesus de Amor.

Foi o início de uma nova Visão do que acontecerá nos próximos séculos.

> "Estaremos vivenciando o Corpo Astral de Cristo."

O Corpo Astral, como já detalhei, é a sede das emoções. O Centro principal das emoções, da alegria, da raiva, do humor e do AMOR.

Corpo Astral > Sede do Amor

Cada vez mais vamos nos banhar e nossas almas serão envolvidas pelo Amor de Jesus, pois Ele volta, Ele está voltando em forma do Amor.

O mais verdadeiro e puro Amor.

Isso tanto é verdade, que no Novo Testamento Ele nos traz um Novo Mandamento. O décimo primeiro. Um Novo Mandamento baseado unicamente no Amor.

Ele disse:

> *"Um Novo Mandamento vos dou: Que vos ameis uns aos outros; como eu vos amei a vós, que também vós uns aos outros vos ameis".* João 13:34

E exatamente este Novo Mandamento que instrui, sobre a qualidade do Amor que devemos ter, que é a base de Religião do Amor Universal, do Cristo e do Espírito Santo.

O Corpo Astral de Cristo, trabalhando em nosso corpo Astral, tornando-o fértil em atuações amorosas.

E quando o planeta estiver inundado pelo Amor de Cristo, estará preparado para receber a Individualidade Crística em toda a sua Manifestação Evolutiva da nova raça humana.

Em meus conceitos Ele voltará, na verdade nunca foi, mas sempre esteve presente em seu planeta através de suas manifestações nos quatro corpos fundamentais.

E nós somos extremamente privilegiados em viver esta que eu denomino de época de transição, onde a influência do Corpo Etérico de Cristo se transforma no início, bem no início da influência de Seu Corpo Astral, uma nova fase na História da Humanidade, uma fase banhada pelo Amor de Cristo.

Em contraposição com tanto ódio e violência que o ser humano demonstra, é necessário muito, mas muito Amor!

Capítulo 8

Saúde – Doença – Reencarnação – Carma

A Razão deste capítulo:

Resolvi abordar este assunto para que pudesse transmitir meus conceitos referentes à saúde, fazendo com que as pessoas refletissem e dessem o valor real para suas vidas.

Começo com uma frase que escrevi há muitos anos:

> *"A Saúde é a constatação que estamos caminhando certo em nossos próprios destinos."*

Nesta frase eu relaciono a saúde com o destino. Mas, subliminarmente está o conceito de nossa missão na vida. Todos devem ter uma missão na vida.

E a grande, mas grande, importância de manter a saúde está em cumprir a sua missão de desenvolvimento neste planeta. A doença desvia as pessoas de sua missão. A doença impossibilita o 100% de atuação laboral e de aprendizado.

Para trilharmos o caminho da nossa missão, devemos nos cuidar em primeiríssimo lugar.

CINCO FRASES PODEROSAS!

1. As pessoas que não buscam viver com objetivos, vivem vidas vazias (às vezes recheadas, mas... vazias).
2. Os objetivos direcionados pelos nossos dons se tornam uma missão.
3. Uma vez eu disse que o maior pecado do ser humano é não utilizar seus dons.
4. Dom é um facilitador da Aprendizagem.
5. O dom não exclui a dedicação de aprender, não exclui a disciplina do treinamento.

Então vamos às associações:

Viver uma vida com propósitos, utilizando dons que se aperfeiçoam através da disciplina de treinamentos, conduz à Saúde Plena!

Analisando o outro lado da moeda, verificamos que a não utilização do esforço maior em trabalhar a favor de "algo" desequilibra o organismo.

Você deve estar questionando:

"– De onde vem esta afirmação?"

Não trabalhar no que gosta, no que nos traz realização pessoal, realização profissional nos induz ao principal sentimento que nos desequilibra: A INSATISFAÇÃO!

E a insatisfação leva à frustração.

A Frustração leva aos maus hábitos, que conduzem à doença.

Quais são os maus hábitos mais comuns:

As pessoas experimentam um sentimento de COMPENSAÇÃO ou de PREMIAÇÃO. Compensação por estarem se sacrificando, trabalhando no que detestam em prol de um salário ou uma PREMIAÇÃO por este mesmo motivo.

Compensam-se com alimentação e bebidas, enfim... Maus tratos para o próprio corpo.

Resignados a um destino, que foi o que sobrou.

Resignados não. Resilientes sim.

Resiliência é a capacidade de nos adaptarmos à forma original quando algo nos incomoda. É uma palavra relativamente nova (10 ou 15 anos), no vocabulário das relações interpessoais.

Não digo que não devamos nos esforçar em sermos resilientes, mas devemos nos esforçar sim, em convergir nossas forças para a auto-realização. Não precisar fazer uso da resiliência.

(Estranho: as pessoas se premiam querendo agradar os corpos com hábitos e alimentos que os destroem!)

Alimentação industrial, refrigerantes, corantes, conservantes, cigarros, agrotóxicos, bebidas alcoólicas, comer rápido demais, engolir sem mastigar, etc.

Estamos cansados de saber, não se trata de falta de informação.

Por isso vamos trilhar o caminho inverso.

Começando pela realização pessoal.

Meu amigo (a),

As Doenças surgem através de um desequilíbrio:

1. As doenças surgem através de um desequilíbrio. (Repeti a frase para que fique bem gravado, as doenças não surgem do nada, não caem do céu, mas de um desequilíbrio, que após tanto esforço no retorno à estabilidade, provoca desgastes, alterações e situações que culminam em lesões).
2. No âmbito alimentar: Excessos (Calorias-Gorduras-Sal-Açúcar-Agrotóxico-Corantes-Corantes-etc.), associados às Carências Proteicas e Nutricionais, Fibras-Água-etc.
3. Hábitos desconexos com a fisiologia humana: Comer rápido, não equilibrar os Macro e Micronutrientes, Sair da mesa "empanturrado", não beber água o suficiente, etc.
4. No âmbito da atividade física... a Inatividade Física. Senhores, nosso organismo foi estruturado para a atividade, para a ação. Fomos estruturados para sermos caçadores e nômades num ambiente hostil.

   Principalmente nos últimos séculos e especificamente nos últimos 50 anos, nos tornamos totalmente inversos à nossa criação: deixamos de ser nômades,

andarilhos, corredores, caçadores, para sermos sedentários, estáticos e passamos praticamente 2/3 do dia totalmente imobilizados.
É possível imaginar que faz diferença. A saúde de uma pessoa sedentária quando comparada à de uma pessoa ativa é visível (Mais do que provado).
Desde o brilho nos olhos até a textura da pele é diferente. A pessoa transmite Saúde.

5. No âmbito do conhecimento... o desconhecimento. (Atenção ao desserviço que os órgãos de comunicação prestam às famílias: uma sucessão imensa de histórias e novelas que mostram traições, maledicências, agressões, crimes, alterações de comportamentos sociais..., mas numa quantidade imensa, diária e constante que preenche as mentes das crianças e jovens e o pior: crescem acreditando que é normal!!
Isso sem contar o desserviço à cultura e ao conhecimento propriamente dito pelo não estímulo à criatividade e ao pensamento!)
6. No âmbito da rotina: as pessoas são transformadas em robôs! Automatizados, todos devem acordar na mesma hora, ir para o trabalho, fazer as mesmas coisas durante o dia, retornar para casa na mesma hora, assistir os mesmos programas, desligando o cérebro (sim...as pessoas ligam a televisão e desligam seus cérebros), dormir e no outro dia tudo igual.
Quando alguém faz coisas diferentes, automaticamente são chamados de "loucos", "insanos", "esquisitos",

porque não estão fazendo as mesmas coisas que nós. Dizem até mesmo que o sucesso está na contramão das pessoas que vivem na rotina!

7. No âmbito religioso, podemos encontrar doenças no sentido inverso do fanatismo. Quanto maior sua atuação na religiosidade, menor o risco de aparecimento de afecções psicológicas ou até mesmo orgânicas.
   Isso acontece exatamente pela falta de equilíbrio em cuidar do corpo, da alimentação e da atividade física.
   No meu livro "O Quarto Copo - O Segredo de uma Vida Saudável", escrevo sobre a Nutrição da Mente, do Coração e do Corpo, citando exemplos extremos de religiosos que são obesos e sedentários e na outra ponta atletas que não conseguem completar uma frase com nexo.
   Insisto no equilíbrio entre os âmbitos nutricionais de mente, coração e organismo físico.

Homeostase/Equilibrium

Isso é fundamental!

Amigos (as): Cuidem de seus filhos e netos na orientação ao equilíbrio de vida antes que seja tarde.

Certa vez, um casal trouxe uma jovem de doze anos ao consultório e eu comecei a investigar os hábitos de vida e nutricionais. Quando perguntei sobre o café da manhã, a mãe respondeu:

– Café da Manhã? Ela acorda 11h, 11h30. A aula começa às 13h. Nem dá tempo de tomar café da manhã, eu já dou almoço, que ela mal come. À noite só come "besteiras" e fica até 1h ou 2h da manhã no computador.

Eu perguntei:

"– Esta menina não tem mãe? Não tem pai?"

Uma casa é uma casa.
Um lar é um lar!
Escolham ter um lar!
Onde se formem corações e cérebros!

Este fundamento, mostra situações em como adquirimos doenças nesta vida.

Mas como adquirimos saúde ou doença entre uma vida e outra, no caso de você acreditar neste tipo de renascimentos.

Carimbo

O que eu chamo de modelo Carimbo, pode explicar os processos de doença e carma.

Crianças com Câncer e Malformações.

Imagine um carimbo.

Como funciona um carimbo?

Uma almofada, uma borrachinha, tinta e alguém que o utilize.

Agora, para termos a impressão correta, na borrachinha fica "gravado" o que desejamos carimbar.

Nesta borrachinha "talhamos" o que desejamos carimbar, o que desejamos imprimir.

Se quisermos imprimir "Maria" devemos imprimir "Maria". Não adianta imprimir "José".

De acordo com a Ciência Espiritual e a Ciência Antroposófica, os estudos do Ser Humano que focam a Tetramembração e seus outros fundamentos, explicam que a ligação entre os corpos procede de uma maneira ativa e consistente.

Pois bem:

Imagine você, dando um tapa em uma pessoa.

Este tapa certamente irá provocar dor nesta outra pessoa, mas também em sua mão, sua mão sofrerá um trauma, certo?

Este tapa foi "carregado" de raiva e intenção.

Este tapa não é apenas o movimento de bater com a mão espalmada, mas uma união entre a intenção provocada pela raiva e o movimento.

Em meu entendimento, este tapa ficará registrado não apenas em sua memória, mas em sua vida. A sede da memória é o Corpo Etérico. Este tapa ficará registrado em seu Corpo Etérico.

Lembrem-se, não apenas o tapa em si, mas toda a raiva gerida nele.

Através de um processo semelhante ao tirar a roupa, nos desvestimos de nossos corpos após a morte.

Desvestimos o Corpo Físico.

Desvestimos o Corpo Etérico e o Astral.

E após um trabalho estudado pela Ciência Espiritual, ao retornarmos devemos nos vestir novamente. Tomar posse de nossos corpos, que no caso, o Corpo Etérico estará "arranhado" ou "marcado" por aquele tapa e sua intenção.

Esta marca, como se fosse num carimbo, trará uma fraqueza ou sensibilidade que promoverá um desequilíbrio na formação do novo ser, trazendo-lhe possibilidades de doenças ou malformações.

Capítulo 9

O Perdão

Na verdade, preciso falar sobre o Perdão!

A mais difícil das Atitudes > o Perdão!!

Devo trazer à tona uma atitude que é fundamental nos textos filosóficos que é o Perdão. O poder que o perdão traz para que a cura seja considerada completa.

Acontece que, para exercermos o perdão precisamos de um desenvolvimento pessoal e espiritual MUITO ACIMA do normal, muito acima do aceitável.

Passa por um *sentimento de justiça* acima do nosso entendimento.

Nosso entendimento de justiça, pelo que ocorre em nossas vidas, é baseado exclusivamente em nossa história de vida e sob nosso ponto de vista.

Sob nosso ângulo de visão.

E senhores, nem sempre este ângulo de visão é o mais correto e acima de qualquer julgamento. Nem sempre é o Perfeito.

Este é um dos motivos que nos sentimos tão injustiçados quando os acontecimentos exigem nosso Perdão.

Dois pontos:

1. Uma comparação: fui vítima do furto de meu celular.

Há poucas semanas. Um aparelho maravilhoso que além de ter tido o seu preço razoavelmente alto, ele já fazia parte de minha vida, de meu dia a dia, de minha rotina, enfim nós éramos inseparáveis.

Não era justo DE MANEIRA NENHUMA que um moço (por mais motivos que possam discorrer, que a sociedade não deu oportunidade – mentira – que não teve como estudar – mentira – que a vida o forçou a ser um ladrão – outra mentira), viesse e o levasse embora.

Para sempre!

Eu trabalhei duro! Aliás, trabalho duro.

É realmente fácil a pessoa olhar para você e pensar: Que vida maravilhosa esta pessoa possui.

Como eu gostaria de ter uma vida desta.

De novo:

> *"O que você não está vendo é o que conta!"*

(Walt Disney)

Para conquistar o estilo de vida que tenho, tive de passar não apenas uma ou duas, mas inúmeras noites estudando, trabalhando, saindo inúmeras madrugadas para operar, inúmeros natais e finais de ano sem minhas filhas, sozinho nos hospitais e o que é pior: minha família também sem mim, celebrando.

Simplesmente o fato de manter 30 anos de produção alta em estudos e dedicação, já nos dá a qualidade de vida que mostramos.

Nestes 30 anos... inúmeros. INÚMEROS!

Bem, voltando ao celular, no exato momento do furto (ele arrancou da minha mão, eu o havia tirado do bolso para ver a hora), eu senti ódio!

Sim... Ódio!

Eu não pensava em mais nada, Ódio!

E justamente eu que pensava que tinha conseguido me melhorar, me desenvolver neste plano.

Muito difícil: é instintivo, acho.

Senti ódio.

E nas semanas seguintes fiquei entristecido e incomodado por ter sentido... ódio.

Comprei outro celular.

Quinze dias depois. Três homens me encurralaram e...

Novamente levaram meu novo celular! Que também era maravilhoso e estávamos formando uma boa dupla.

Desta vez me senti mais injustiçado do que com o ódio, propriamente dito.

Senti ódio sim, mas em menor proporção.

A verdadeira função deste novo assalto, talvez tenha sido me testar. (Bem, pelo menos o ser humano é assim, quer justificar tudo de ruim que acontece, talvez passe a impressão de não termos necessidade de sofrer tanto!)

O teste da minha nova atitude: Será que este filho de Deus já aprendeu a perdoar? Ou terei que ser roubado e vítima de violência até aprender a perdoar?

De jeito nenhum!

Não é assim.

Não deve ser assim!

A lapidação do Perdão deve ser executada pelo Amor!

E não pela recorrência da violência.

2. Toda esta história, tem como objetivo refletirmos sobre o mesmo assunto. Exemplo: se ao invés de um furto ou roubo de um aparelho de celular, fosse um jovem assassinado.

A capacidade de Perdão dos pais!

Qual a quantidade e intensidade de sentimentos que estes pais passam? Já imaginou? Um exemplo entre muitos, mas imagine o Desenvolvimento Cristão dos pais, que conseguem perdoar um acontecimento deste porte.

Amigos, é muito difícil, mas em todas as situações de nossas vidas, devemos estar preparados para o Perdão.

Pois acredito que a atitude mais difícil, mas também um dos mais valorosos é o perdão.

A Gratidão na mesma proporção, como veremos no final deste livro!

PERDOAR significa PER + DOAR
PARA + DOAR

O Significado Oculto do Perdão é a fantástica condição de doar forças espirituais intensas do seu Homem Superior para o Homem Inferior da pessoa que lhe causou o mal.

DOAÇÃO de forças espirituais, para que o malfeitor consiga condições de recuperação, recobrar boas atitudes, se recuperar, vencer o mal, tornando-se uma pessoa moralmente capaz! (O que quero dizer como Homem Superior e Homem Inferior, nos remete a conceitos já estudados no capítulo Intermezzo sobre o Pai Nosso.)

Onde o Homem Superior significa a força individual de almas e o Homem Inferior na Tetramembração, base de todo temperamento, caráter e personalidade!

Sim... é difícil.

Mas se fosse fácil..., não teria a menor graça!

A vida é assim: Um Desenvolvimento Contínuo.

Lembre-se que Estacionar é Regredir.

Estagnar não significa Estagnar.

Estagnar significa Regredir!

O Desenvolvimento é uma atitude positiva, uma atitude ATIVA.

Onde precisamos de ativação e impulso!

Como a luz e a escuridão.

A luz precisa de energia para existir!

O Desenvolvimento precisa de energia para mostrar resultados!

CAPÍTULO 10

AS CURAS DE JESUS

QUEM CONTA UM CONTO... aumenta um ponto.

Será que os Milagres de Jesus foram tudo isso mesmo? Ou será que quem conta um conto aumenta um ponto?

Sim. Tem pessoas que pensam assim.

Pensam que na verdade não foi BEM assim.

Que os cegos não eram TÃO cegos assim, que os "coxos" não eram Tão "coxos" assim e que a Lepra daquela época era muito mais amena, suave, que o mycobacterium leprae era mais bonzinho mesmo, que apenas um sopro e um pouquinho de água, desde que colocado com fé, já seria o bastante para curar.

As pessoas são assim: sempre dispostas a não apoiar, não acreditar, minimizar, diminuir e se possível torcer pelo negativo.

Meu amigo (a),

O que começo a relatar aqui é o Nascimento da *Medicina Cristã*, ensinada pelo Médico dos Médicos:

Bem, depois de termos estudado, com tanto afinco, a compreensão dos corpos constituintes do Ser Humano, quero trazer exemplos de Curas de Jesus. Mas quero que você preste muita atenção e compreenda que: Jesus realizou milagres e curas correspondentes a cada um destes corpos.

E qual o objetivo destas curas milagrosas?

Resposta:

Deduzi que o objetivo maior é aumentar, fortalecer e provar a nossa fé.

E devemos estudar a cultura da época. Havia sim, a necessidade da presença de um Messias, que veio "para que se cumprissem as escrituras".

Muitos não têm este conhecimento, mas as Escrituras são carregadas de mensagens sobre a Vinda de um Messias, que seria o Redentor da humanidade, alterando os rumos e modificando os relacionamentos. O Antigo Testamento, com vários livros escritos por profetas, é diretamente relacionado com toda a História da humanidade e com os acontecimentos do Gólgota.

"Para que se cumprissem as Escrituras..."

Capítulo 11

Jesus cura – Corpo Físico

Vejam esta extraordinária figura de Jesus curando um cego:

Nos evangelhos encontramos relatos de inúmeras curas de cegos. Jesus aplicava, massageava, passava as mãos nos olhos das pessoas e usava da própria saliva em uma mistura com barro do chão. Inclusive mandando lavar com água para que se processasse a cura.

Este é um magnífico exemplo de um trabalho "físico", com contato "físico" entre Jesus e o cego, resultando na cura direta do Corpo Físico.

Vários relatos, várias passagens, inúmeros doentes, centenas de curas que estão nos quatro evangelhos, narram este tipo de.

O corpo físico, como integrante da constituição do Ser Humano é contemplado num milagre para que possa crescer em nossas vidas, a consciência de que existe uma plasticidade que modifica sua organização celular no caminho da correção, e que há dois mil anos Jesus nos mostrou o Poder de Deus, como estudamos nos capítulos anteriores.

Capítulo 12

Jesus cura – Corpo Etérico

Quero conversar um pouco com vocês, sobre um exemplo maravilhoso de cura ao nível do Corpo Etérico.

Lembrando que o Corpo Etérico é um conjunto de forças que traduz as funções que mantém vivo o nosso Corpo Físico. Que mantém o que conhecemos de funções vitais, as reações bioquímicas de vida. Reforçando que se uma doença ou desequilíbrio tem seu inicio no Corpo Etérico, a cura devera nascer deste nível.

Para isso, acompanhem comigo esta passagem do Evangelho de Jesus Cristo, segundo o apóstolo Mateus, no capítulo 8, versículos 14 e 15, em Espírito e Verdade:

> *"E Jesus, entrando em casa de Pedro, viu a sogra deste acamada, e com febre.*
>
> *E tocou-lhe na mão, e a febre a deixou; e levantou-se, e serviu-os".*

E ainda algumas traduções da bíblia acrescentam a seguinte frase:

"E Jesus repreendeu a febre."

Eu achei interessantíssimo, uma passagem e um texto de dois mil anos, se preocupar com a febre! Sim, mesmo porque em outros exemplos vimos cegos, leprosos, hemorragias, esquizofrenias, crises epilépticas, e nesta passagem apenas, sim, apenas uma... "febre".

Bem, primeiro que a febre deveria ser tão debilitante que a sogra de Pedro estava acamada, e após a remissão do sintoma de febre, ela se sentiu tão bem que veio servi-los a refeição.

Mas a febre, é uma manifestação do Corpo Etérico.

E Jesus demonstra o domínio e a possibilidade de exercer uma influência imensa numa pessoa, que "qualquer que tenha sido a origem ou causa desta febre" - que é o aumento da temperatura corporal pela causa que não sabemos qual seja - esteja em seu domínio.

Independente da causa, Jesus exerce um domínio tão impressionante sobre a consequência (febre), que a sogra de Pedro consegue se recuperar desta desagradável, mas importante, manifestação do desequilíbrio e promover a melhora de sua saúde e seu estado geral.

Porque Jesus não agiu como nós médicos agiriam hoje? Não seria mais lógico que se a sogra de Pedro estivesse com uma infecção urinária e por isso a febre, que tratássemos a infecção? Se ela estivesse com uma amigdalite bacteriana e por isso a febre, que tratássemos melhor da infecção? Concomitantemente melhorando a temperatura e o estado geral?

Mas, penso assim:

Nada está escrito sem um motivo.

Cada sentença da bíblia tem um porque, tem uma razão. Jesus não deu um passo, não disse uma palavra sem um motivo.

Deve ter havido um motivo para Jesus mostrar a cura de uma febre!

Deve haver um motivo, para Ele querer que saibamos que a Febre - e não um edema, um inchaço, um tumor - possa ser curado através de uma intervenção Divina e uma atuação na sua origem.

E este motivo, em meu ponto de vista é: mostrar-nos uma atuação direta no Corpo Etérico, independente de sua agressão no corpo físico e astral.

Capítulo 13

Jesus cura – Corpo Astral

Por lhe tocaram as vestes

Esta passagem é extraordinária!

Veja primeiro a passagem:

Evangelho de Jesus Cristo, segundo Lucas, capítulo 8, versículos de 43 a 48, em Espírito e Verdade:

> *"E uma mulher, que tinha um fluxo de sangue, havia doze anos, e gastara com os médicos todos os seus haveres, e por nenhum pudera ser curada,*
>
> *Chegando por detrás Dele, tocou na orla do seu vestido, e logo estancou o fluxo do seu sangue.*
>
> *E disse Jesus: Quem é que me tocou? E, negando todos, disse Pedro e os que estavam com ele: Mestre, a multidão te aperta e te oprime, e dizes: Quem é que me tocou?*
>
> *E disse Jesus: Alguém me tocou, porque bem conheci que de mim saiu virtude.*

Então, vendo a mulher que não podia ocultar-se, aproximou-se tremendo e, prostrando-se ante Ele, declarou-lhe diante de todo o povo a causa por que lhe havia tocado, e como logo sarara.

E Ele lhe disse: Tem bom ânimo, filha, a tua fé te salvou; vai em paz".

É um acontecimento carregado de emoção.

EMOÇÃO

Vejam a representação neste quadro:

Muita emoção remete ao Corpo Astral, que relembrando, é a sede das emoções.

Como disse nada é sem um propósito! Jesus poderia muito bem ter ordenado as curas de todos os males e pronto, Ele é o filho de Deus, Ele e o Pai são UM!

(Eu e o Pai somos um. João 10:30)

Mas Jesus tinha uma meta: curar toda a Humanidade de um mal maior, e por isso tinha de trazer estas consideráveis demonstrações de um poder maior, de que somos mais que carne e osso.

Atentem para o final da passagem quando Jesus diz que a Fé a curou. Lembram-se do que já relatamos sobre a fé? Que quando o paciente não tem fé, ele não atrai, e pode até repelir as forças de cura, as intenções de cura do médico ou profissional da Saúde?

Pois bem vejam agora uma sequência a seguir.

Cada quadro com angulo mais perto, até que no último, quero que prestem muita atenção na orla das vestes.

Por que estou insistindo em pontuar a orla das vestes de Jesus? Por que a mulher queria apenas tocar a orla das vestes de Jesus? Ela não poderia apenas tocar na perna? Ou nas sandálias? Ela não poderia querer apenas pisar onde Ele pisou? Por que na Orla das Vestes?

Se observarmos a Orla, existe uma costura realizada com uma linha Azul. E esta linha azul era apenas utilizada naqueles tempos em vestes de Curadores. Era o que identificava os Curadores. As pessoas que tinham este tipo de atenção, este tipo de trabalho.

A mulher ou sabia ou tinha a intuição da importância em tocar na orla, que era a representação do poder de cura.

E ela de fato se curou, pois, Jesus comenta que "sentiu" a saída de uma "virtude", ou seja, de uma força, de um poder decidido em curar, uma força positiva, que mesmo sem a intenção consciente em curar aquela mulher especificamente, Ele a curou, ou melhor, a fé da mulher a curou de maneira extraordinária.

E ainda:

Gravem mais esta observação do Evangelho de Jesus Cristo, segundo Marcos, capítulo 6, versículo 56, em Espírito e Verdade:

> *"E, onde quer que entrasse, ou em cidade, ou aldeias, ou no campo, apresentavam os enfermos nas praças, e rogavam-lhe que os deixasse tocar ao menos na orla da sua roupa; e todos os que lhe tocavam saravam".*

CAPÍTULO 14

JESUS CURA – A CURA DO EU – DA INDIVIDUALIDADE

Este, amigos, é o momento onde podemos pensar, estar mais difícil e inatingível a cura definitiva. Pois quando nossa individualidade está doente, não temos controle do nosso corpo. Perdemos totalmente as rédeas.

A nossa individualidade estabiliza nossa vida de relacionamentos, ou instabiliza.

Sabemos que uma pessoa está equilibrada organicamente, mentalmente e emocionalmente, quando transmite em sua vida de relações, uma harmonia que podemos traduzir como felicidade plena.

Reflita se você é plenamente feliz.

Você apenas consegue a felicidade plena, quando organicamente você está saudável, mentalmente (intelectualmente) você está saudável e por fim, emocionalmente.

Neste equilíbrio e apenas nele, encontramos o sucesso de uma vida próspera em sua totalidade.

Esta é razão pela qual devemos lutar.

Acordar pela manhã com um só foco, uma só meta: Atingir a felicidade plena, PARA QUE possamos ajudar as pessoas que nos rodeiam e com as quais convivemos, a serem plenamente felizes.

Esta é a razão básica da vida em comunidade.

Este exemplo de cura da individualidade, foi escolhido porque de uma maneira muito clara traz a mensagem que Jesus nos passou.

Um rapaz, um homem estava "tomado" pelo demônio.

Vamos analisar: não podemos dizer que o rapaz era o rapaz em sua total consciência, mesmo porque se assim o fosse JAMAIS agiria com agressividade nas palavras e ações como estávamos assistindo.

A sua individualidade, seus pensamentos, suas atitudes, enfim, foram substituídas pelo demônio.

Interessante saber que nesta passagem, num diálogo entre Jesus e o demônio, é revelado que não se tratava de um, mas uma legião de demônios que estavam praticamente assumindo aquele corpo.

Vejam a passagem:

Evangelho de Jesus Cristo, segundo Lucas, capítulo 8, versículos de 27 a 39, em Espírito e Verdade:

"E, quando desceu para terra, saiu-lhe ao encontro, vindo da cidade, um homem que desde muito tempo estava possesso de demônios, e não andava vestido, nem habitava em qualquer casa, mas nos sepulcros.

E, quando viu a Jesus, prostrou-se diante dele, exclamando, e dizendo com grande voz: Que tenho eu contigo, Jesus, Filho do Deus Altíssimo? Peço-te que não me atormentes.

Porque tinha ordenado ao espírito imundo que saísse daquele homem; pois já havia muito tempo que o arrebatava. E guardavam-no preso, com grilhões e cadeias; mas, quebrando as prisões, era impelido pelo demônio para os desertos.

E perguntou-lhe Jesus, dizendo: Qual é o teu nome? E ele disse: Legião; porque tinham entrado nele muitos demônios.

E rogavam-lhe que os não mandassem para o abismo.

E andava ali pastando no monte uma vara de muitos porcos; e rogaram-lhe que lhes concedesse entrar neles; e concedeu-lhe.

E, tendo saído os demônios do homem, entraram nos porcos, e a manada precipitou-se de um despenhadeiro no lago, e afogou-se.

E aqueles que os guardavam, vendo o que acontecera, fugiram, e foram anunciá-lo na cidade e nos campos.

E saíram a ver o que tinha acontecido, e vieram ter com Jesus. Acharam então o homem, de quem haviam saído os demônios, vestido, e em seu juízo, assentado aos pés de Jesus; e temeram.

E os que tinham visto contaram-lhes também como fora salvo aquele endemoninhado.

E toda a multidão da terra dos gadarenos ao redor lhe rogou que se retirasse deles; porque estavam possuídos de grande temor. E entrando ele no barco, voltou.

E aquele homem, de quem haviam saído os demônios, rogou-lhe que o deixasse estar com ele; mas Jesus o despediu, dizendo:

'Torna para tua casa, e conta quão grandes coisas te fez Deus. E ele foi apregoando por toda a cidade quão grandes coisas Jesus lhe tinha feito'."

Esta cura trouxe ao homem, cuja individualidade lhe foi tomada, total controle de sua vida, de suas decisões novamente e total livre arbítrio de como conduzir sua vida em total domínio sobre si mesmo.

O seu "Eu" voltou a comandar seu organismo.

O seu "Eu" voltou a comandar seu destino.

O seu "Eu" foi completamente curado.

Capítulo 15

A Cura Completa

Nós conversamos sobre vários e valiosos conceitos e para prepará-lo a uma vida de confiança e felicidade plenas. Preciso ainda esclarecer alguns importantes pontos, para que compreenda o Segredo da Cura Completa.

Dois Conceitos Fundamentais:

- Prevenção é diferente de Detecção Precoce.
- Tratamento é diferente de Cura.

Vamos analisar:

1. Prevenção é diferente de Detecção Precoce.

O fato fundamental e extremamente necessário, de realizarmos exames periódicos em todas as áreas de risco é insubstituível.

Ginecologia, Urologia, Cardiologia, Gastroenterologia, Proctologia, Dermatologia e Laboratoriais e todos os outros, são essenciais para o controle da nossa Saúde.

Ainda, o fato de realizarmos estes exames periodicamente, nos possibilita a grandeza de uma cura ao detectarmos alterações BEM no início.

E é lógico que uma lesão inicial ou uma lesão pré-maligna, responderá muito satisfatoriamente a qualquer tratamento que pode nos deixar curados.

É óbvio.

Mas isso tudo que acabamos de explanar, se refere à Detecção Precoce.

> *"A verdadeira prevenção é um conjunto de atitudes que efetivamente reforçam nossas defesas e não criam condições para o surgimento de doenças."*

Vejam alguns exemplos:

O exame de Papanicolao (Colpo citologia Oncótica), detecta alterações que indicam intervenção medicamentosa ou cirúrgica urgentes para que o mal não progrida > Detecção e Atitude > Perfeito! E assim devemos manter a realização destes exames.

Higiene íntima, tratamentos imediatos de leucorreias (corrimento), relação sexual com preservativos, não ter muitos parceiros sexuais, alimentação saudável, uso de fitoterápicos, etc. Sim, é um conjunto de atitudes que reforçam as defesas e não criam condições de desenvolvimento de doenças e do próprio Câncer de Colo Uterino.

Outro exemplo:

Pesquisa de Sangue Oculto nas fezes e Colonoscopia, detectam alterações que indicam intervenção medicamentosa ou cirúrgica urgentes para que o mal não progrida > Detecção e Atitude > Perfeito, e assim devemos manter a realização destes exames.

Agora:

Diminuir a Ingestão de gorduras, frituras, carne vermelha, agrotóxicos, corantes, conservantes, aumentar para 20 a 30g a ingestão de fibras solúveis e insolúveis, sim, é um conjunto de atitudes que reforçam as defesas e não criam condições de desenvolvimento de doenças e do próprio Câncer de Colon.

O que é mais importante, a Prevenção ou a Detecção Precoce?

Resposta: OS DOIS!!!

A cura total antes de tudo é evitarmos o surgimento das doenças.

Nascemos neste mundo curados e vamos adoecendo com o passar dos anos.

2. Tratamento é diferente de Cura.

Na Medicina não asseguramos a cura e sim o melhor tratamento que possamos instituir, com base nos melhores conhecimentos científicos da atualidade.

A palavra tratamento indica um movimento que ainda não terminou.

Estar realizando um tratamento significa estar realizando um tratamento. O final deste tratamento pode ser a cura ou não.

Vejo inúmeras pessoas em tratamentos contínuos. O que pode significar: doenças que não tem cura, apenas... os tratamentos que "equilibram" os males e mantém o organismo em funcionamento razoavelmente aceitável para a vida.

Exemplos:

Óculos.

É uma ferramenta de tratamento que não cura a miopia, astigmatismo, etc.

A Cirurgia Oftalmológica cura.

Insulina.

Uma medicação que não cura o diabetes, mas dá condições de prevenir os malefícios da doença.

Porque estes dois conceitos são tão gloriosos?

Para entendermos outro conceito, mais amplo ainda, que é o Conceito de Cura Total.

5 perguntas para a Cura:

Por quê?

Para que?

Por quem?

E o mais importante, o que esta doença significou em minha vida?

O que aprendi com ela?

O que devo ensinar a partir dela?

A cura completa é atingida <u>SE</u>, e <u>somente SE</u>, dois pontos importantíssimos estiverem satisfeitos:

Primeiro Ponto:

- A cura completa apenas é alcançada quando respondermos a estas perguntas com toda sinceridade de nosso coração.

  (Respostas nobres para perguntas nobres)

Segundo Ponto:

- Um forte e sincero sentimento de GRATIDÃO!

De como ela é benéfica, e de como ela assume um papel de extrema relevância para quem a exerceu, do que para quem prestou auxílio ou aconselhamento.

Mas vejam esta passagem:

Evangelho de Jesus Cristo, segundo Lucas, capítulo 8, versículos 12 a 19, em Espírito e Verdade:

> *"E, entrando numa certa aldeia, saíram-lhe ao encontro dez homens leprosos, os quais pararam de longe;*
>
> *E levantaram a voz, dizendo: Jesus, Mestre, tem misericórdia de nós.*
>
> *E ele, vendo-os, disse-lhes: Ide, e mostrai-vos aos sacerdotes. E aconteceu que, indo eles, ficaram limpos.*
>
> *E um deles, vendo que estava são, voltou glorificando a Deus em alta voz;*
>
> *E caiu aos seus pés, com o rosto em terra, dando-lhe graças; e este era samaritano.*
>
> *E, respondendo Jesus, disse: Não foram dez os limpos? E onde estão os nove?*

Não houve quem voltasse para dar glória a Deus senão este estrangeiro?

E disse-lhe: Levanta-te, e vai; a tua fé te salvou".

Meus amigos, o que ocorreu nesta passagem explica perfeitamente a essência deste livro > A Gratidão!

Dos dez leprosos apenas um retornou e manifestou sua gratidão.

APENAS UM!!!!!

Importante salientar que Jesus não necessitava de nenhum agradecimento ou gratidão, mas prestem atenção na maneira com que este leproso retornou:

"Glorificando a Deus em alta voz" e "caiu aos pés de Jesus com o rosto em terra" manifestando, além de gratidão e reconhecimento, uma devoção eterna".

A Cura apenas se completa através da Gratidão Sincera!

A Gratidão

Na língua Portuguesa quando pessoas nos prestam algum favor ou gentileza, agradecemos com as palavras "Obrigado" ou "Muito Obrigado".

O que significa? Significa que estamos manifestando a condição de estarmos "Obrigados" ou "Muito Obrigados" a retribuir este favor ou gentileza. É uma forma de gratidão.

Ser grato é mais que isso.

Envolve três momentos:

O *Primeiro Momento* está em Reconhecer a sua necessidade em humildade.

A humildade é uma característica que nada tem a ver com a simplicidade ou com a condição social.

A humildade ao contrário, enobrece o Ser Humano, pois no convívio social as relações se solidificam quando ela está presente.

(Repetindo: Existe uma citação onde realça: Para se conhecer exatamente o caráter de um homem, basta dar a ele, todo o Poder.)

Nesta minha vida já deparei com os extremos:

Homens que quando não detinham o poder eram humildes, e ao adquirirem poder por sabedoria e desenvolvimento pessoal se tornaram mais humildes ainda, enobrecendo-os.

E por outro lado conheci homens que eram humildes e ao adquirirem poder - sem sabedoria e desenvolvimento pessoal - perderam a singeleza e a arrogância aflorou.

Reconhecer que necessitamos de outros é fundamental no Processo Global da Gratidão.

O *Segundo Momento*, é o momento em que estamos recebendo a atitude de Doação do outro.

(ATENÇÃO: A Gratidão tem total relação com o Perdão a começar neste ponto: O Ato de Perdoar começa no Doar.)

Minha sugestão é que no momento em que estamos sendo agraciados, exatamente neste minuto, observemos de cima!

Como se fossemos uma terceira pessoa, que estivesse vendo DE CIMA, tudo o que está acontecendo.

Observando de cima é diferente. Tudo que acontece fica marcado como uma cena de filme e ganha outro valor, outra realidade. Ganha valor!

Abro mais um parêntesis:

(Esta é a técnica que sugiro para solucionar problemas e desafios: quando você estiver enfrentando situações deste tipo. Saia da situação e analise de cima!)

O *Terceiro Momento*, no fundo de nossa alma ser comprometido em retribuir e estar à disposição e ATENTO na vida desta outra pessoa que nos prestou o ato voluntário, que supriu nossas necessidades.

Atento para que na primeira oportunidade sejamos nós os primeiros a estarmos juntos para a solidificação de nossa amizade.

Manifestar não apenas para a pessoa, mas para todos que nos rodeiam.

Amigo (a), aqui apresento meu ciclo na Cura de uma doença do corpo ou da alma:

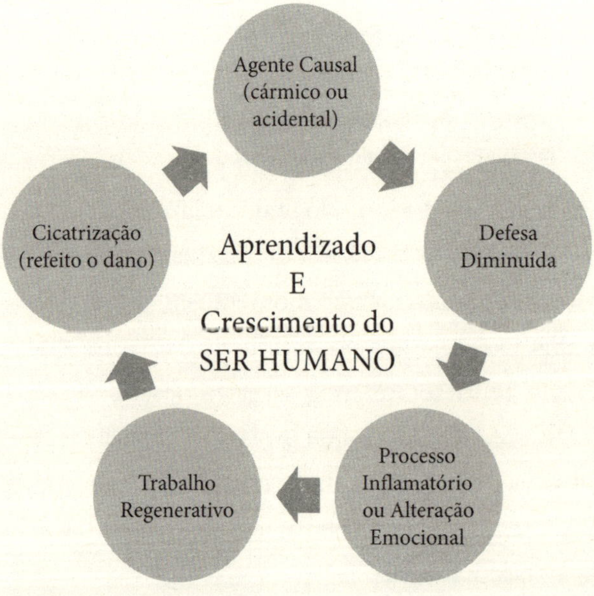

Este ciclo só termina quando o indivíduo:
1. Responder às cinco perguntas da Cura e
2. Demonstrar Gratidão Sincera.

A Cura apenas se completa através da Gratidão Sincera!

Repetindo:

Saliento a enorme preocupação de Jesus em curar, o corpo e a alma de todos nós.

Lembra-se de minha frase cunhada há alguns anos:

"A Saúde, é a Constatação que estamos caminhando certo em nossos próprios Destinos!"

Se observarmos então, que a doença, tanto do corpo quanto da alma, é capaz de nos tirar do rumo dos nossos destinos... estamos encrencados.

Qual é o nosso destino?

Certa vez, minha esposa ouviu uma declaração da Sophia Loren, onde ela respondia a um repórter qual seria o segredo do sucesso profissional e na vida que ela havia levado. E ela respondeu:

"– Eu nasci em um ambiente desprovido de estímulos e chances. Mas meu segredo, e por isso agradeço a Deus, foi saber que do céu caem chuvas, mas também caem bênçãos.

As Bênçãos que caem do céu caem em forma de oportunidades.

Eu agradeço por ter tido Olhos para Enxergar estas oportunidades e ter tido disciplina e atitude para aproveitá-las!"

NESTA VIDA! AGORA!

O QUE TEM DE SER FEITO TEM DE SER AGORA!

Eu acredito que nossos destinos:

Seja nos tornarmos felizes plenamente e ajudar o próximo a atingir a felicidade plena. Mas, apenas conseguiremos a felicidade plena quando o próximo a conseguir.

Eu acredito que nossos destinos:

Seja evoluir! Em nossos organismos, mentalmente e espiritualmente.

Por isso recomendo: prevenir, boas atitudes, bons pensamentos e estudos até duas horas antes de morrer. Vamos utilizar as últimas duas horas para as recomendações de despedidas, documentos, testamentos, etc.

Eu acredito que nossos destinos:

Seja tornarmos o mundo melhor para as próximas gerações.

Guarde esta palavra e trabalhe nela: LEGADO

Em minha opinião LEGADO é o seguinte:

Frase do filme Gladiador:

"O que fazemos na vida ecoa na eternidade!"

Devemos trabalhar incessantemente, com o objetivo de deixarmos nossos atos e realizações desta vida para "ecoar" na eternidade, deixando Valores, Respeito e Moral.

A partir do momento que não fizermos nada positivo, automaticamente estaremos reforçando e muito, os pontos negativos.

Pois não fazer, já significa estar "no negativo" do assunto: legado.

Diuturnamente na Missão!

A doença nos atrasa a Missão.

A doença nos desvia do trilho certo de nossa Missão.

Detesto ficar doente!!! Odeio ficar doente!

Por que EU?

Por que AGORA?

Justo agora? Justo eu?

É injusto! Totalmente injusto!

Discorrendo nestas perguntas, com o conhecimento acumulado neste livro, devemos responder e termos a consciência de que: "ainda bem que ficamos doentes"!

É realmente muito difícil, porque esta conclusão não nos agrada de jeito nenhum, mas pense bem:

As pessoas não se importam com sua alimentação saudável, tomar líquidos, não beber, não fumar, não realizam atividade física, não tomam suplementos de alta qualidade e adquirem hipertensão arterial, diabetes, obesidade, etc., e aí?

Aí, que elas não estão no trilho de sua missão na vida: que era felicidade plena, levando aos outros a felicidade plena!

Lembrando e pontuando: a felicidade plena, é o encontro de três importantíssimos patamares da nutrição com a sua Missão nesta vida.

Patamar 1 > Organismo Ativamente Saudável.

Patamar 2 > Mente Saudável (mais livros e menos televisão).

Patamar 3 > Espiritualmente Saudável (Deus em nossas Vidas).

Estes três Patamares no Mesmo Nível do Patamar de Sua Missão nesta Vida!

Esta é a felicidade plena!!!

Repetindo: como pode uma pessoa querer atingir sua felicidade e de seus amados, se ela mesma não está no caminho certo? Como eu disse no trilho certo?

Como é possível alguém ajudar o próximo a encontrar seu caminho, se ele está na direção errada?

Então, na verdade deveríamos agradecer o fato de constatarmos em nós, uma doença. Mas agradecer, com este ponto de vista, pois sabemos que esta doença deve sinalizar a mudança de rumo em direção à concretização de nossa Missão!!!

RealizOU *versus* RealizA!!!

Incrível como uma simples mudança num verbo transforma totalmente o sentido de uma frase!!!

Jesus realizou curas há mais de dois mil anos.

Jesus realiza curas há mais de dois mil anos.

Sem dúvida nenhuma, acompanhamos os relatos de quatro apóstolos, que escreveram de maneiras independentes, em locais diferentes e datas diferentes.

Acompanhamos os relatos de historiadores e de todo o estudo bibliográfico em torno de Jesus Cristo. É sabido que Lucas (médico), escreveu seu evangelho após a morte de Jesus por meio de entrevistas e coleta de dados com inúmeras, repito inúmeras testemunhas.

As informações são muito coincidentes.

Jesus realizou sim, Curas extraordinárias há mais de dois mil anos.

Mas o que desejo escrever é que Ele *ainda* realiza curas extraordinárias nos tempos atuais.

Ainda realiza milagres.

Amigos, é preciso ter olhos para ver e ouvidos para ouvir: Acontecem todos os dias para todas as pessoas.

Se estivermos atentos às manifestações das curas e milagres perceberemos a Enorme presença de Deus em nossas vidas.

É uma luta imensa entre o Sistema Imunológico e as Células Cancerígenas. Incontáveis fatores carcinogênicos bombardeiam nossos organismos diuturnamente (isso apenas falando a respeito do câncer!).

Vivemos em um ambiente Pró Câncer, obesogênico, diabetogênico, enfim... vivemos num ambiente patogênico.

A Salutogenese (geração saúde), é um processo ATIVO!

Aqui abro um parêntesis para podermos compreender meu ponto de vista:

Dois exemplos:

Para termos a escuridão, não precisamos de energia, de força, de trabalho. A escuridão é a ausência de luz e de energia. Ausência de potência elétrica, de algo positivo, de algo ativo que requer um impulso e uma geração. A escuridão é um processo que não requer esforço e vontade.

Para termos o silêncio, não precisamos de energia, de força, de trabalho. O silêncio é a ausência do som, do barulho.

Para se criar o som precisa de um impulso, movimento, energia, enfim, requer um esforço ativo.

Com a Saúde ocorre exatamente a mesma coisa, para alcançarmos o Sucesso – Saúde Integral – devemos colocar energia, impulso, disposição. Fazer algo. Ser Pró – Ativo, Pró – Saúde.

O simples fato das pessoas não produzirem este movimento ativo em favor da saúde já os leva ao caminho das doenças.

Isto é fato!

Dr. David Heber, um dos maiores médicos nutrólogos de todos os tempos, criou o conceito do Estilo de Vida Ativamente Saudável.

O que ele quer nos passar: Que não basta buscarmos o Estilo de Vida Saudável, mas sim o Estilo de Vida ATIVAMENTE Saudável. Devemos trabalhar em prol de conquistas benéficas para nosso presente e futuro!

Importante:

Enquanto escrevia este livro, fui mudando meus pensamentos em relação a ser este o último livro que escrevo.

Pensei, pensei e pensei.

Uma fonte inesgotável é o conhecimento!

Pensei, pensei e pensei.

Acho que não vou aguentar.

Jesus não apenas curou e cura pessoas. Ele cura casais e famílias. Ele cura comunidades!

Sim...

Que tal desenvolvermos este tema?

Poderemos ajudar famílias e comunidades?

Adendo 1.

Preciso compartilhar.

No Livro "Pensamento Positivo para o Nosso Tempo" de Norman Vincent Peale, encontrei uma oração interessantíssima citada por um rapaz num certo capítulo, Adotei e adorei:

> *"Senhor,*
>
> *A primeira coisa que vou pedir-Te é boa Saúde: dá-me um corpo forte.*
>
> *Depois dá-me capacidade para pensar com clareza.*
>
> *Dá-me coragem sem bravatas, para que eu possa continuar caminhando quando o caminho for difícil.*
>
> *E dá-me confiança verdadeira.*
>
> *Finalmente faze com que eu saiba que estás comigo, que não caminho sozinho.*
>
> *Senhor, dá-me essas cinco coisas, e o resto eu farei por mim mesmo".*

Adendo 2.

E o Senhor tem realmente me dado estas coisas.

Mas não de Graça. Eu tive e tenho de pagar o preço.

E o preço é estar sempre atento para fazer a Diferença na vida das pessoas. Não perder a oportunidade de ajudar. De aconselhar. De direcionar. Sabemos que uma palavra, uma sentença na hora correta pode causar um efeito tremendo em uma vida.

E enviou-os a pregar o reino de Deus, e a curar os enfermos.

Lucas 9:2

Outras publicações

O QUARTO COPO – O SEGREDO DE UMA VIDA SAUDÁVEL

Dr. J. Luiz Amuratti

A partir da última frase deste livro você não poderá mais dizer: "Eu não sei". E então você viverá atrás de uma parede chamada Responsabilidade. Responsabilidade em ajudar as pessoas a descobrirem o que você já descobriu para você: "Qualidade de Vida é Ter em Você a capacidade de controlar a sua Saúde, a sua energia, Prolongando o sabor de viver num planeta tão maravilhoso chamado Planeta Terra!" Mas existe um impulso dentro de você, que não o deixa sossegado. Sabe como eu tenho essa certeza? Porque você está lendo este livro. E isso significa que interiormente você já comprou a idéia de ser um Agente de Mudanças na vida das pessoas. E de mudanças para o Melhor!

Formato: 14 x 21 cm – 120 páginas

OS CRISTAIS DO FUNDO DO LAGO

Sandra Marcondes – pelo espírito Leopoldo

"Incontáveis e profundas lições" é o primeiro pensamento que me vem à mente ao escrever sobre a história que o belo espírito Leopoldo amorosamente nos presenteia nesse livro. Uma dessas lições, importantíssima, é a compreensão de que por meio dos relacionamentos que consideramos difíceis e conflituosos, principalmente no abençoado âmbito familiar é que Deus nos concede infinitas oportunidades de auxiliar-nos uns aos outros através do amor; saldarmos débitos passados; superarmos desafios de vida e, assim, crescermos espiritualmente para que compreendamos que somos Luz de Deus e em Deus.

Formato: 16 x 23 cm – 192 páginas

Outras publicações

ALGUÉM TE ESPERA

Romance espírita de Sandra Marcondes

No ínicio, somente escuridão. Eu não enxergava nada. De repente percebi a luz no fim do túnel, vi e senti no fundo do meu coração a presença do Amado Mestre Jesus.

Estava meio acordada, meio adormecida, e me vi nos braços de minha mãe como nos tempos de minha infância. Deixei-me ficar naquele colo, que tanto amei por várias vidas. E foi ai que me dei conta! Eu já não vivia mais no plano terreno dos encarnados. E minhas filhas, filhos, netas e netos? Como ficariam sem minha presença?

É aqui que começa a história. Vou mostrar as maravilhas e os desafios da minha vida por aqui, no Plano Espiritual.

Formato: 13,5 x 21 cm – 144 páginas

O PIANISTA DE DEUS

Sandra Marcondes – pelo espírito Wellington

Essa obra é uma história de escolhas humanas, sob a Lei de Deus do Livre-Arbítrio, com suas repercussões e consequências individuais e coletivas. No caso específico de Wellington, suas escolhas são principalmente para entrar ou não no mundo do crime, e particularmente quanto ao comércio e uso ilegal de drogas. Práticas essas, aliás, que, segundo Wellington, "um dia estarão 100% extirpadas do Plano Físico e do Plano Espiritual da Terra. Trata-se de um processo bastante longo de evolução humana, que começa pela mudança interior de cada um, mas que já começou".

Formato: 16 x 23 cm – 136 páginas

PRETO COMO O LEITE E BRANCO COMO O CAFÉ

Sandra Marcondes – pelo espírito Ana

O espírito Ana nos brinda com esta bela e empolgante obra, que se passa em um período da história do Brasil marcado pela presença da escravidão, para mostrar as funestas consequências de sentimentos e ações preconceituosas, que repercutem até hoje no século XXI. E com o objetivo único de aprendizado para a evolução espiritual de todos nós.

Formato: 16 x 23 cm – 160 páginas

CRUZ DE CARAVACA

A Cruz de Caravaca é um relicário de força espiritual que pode ser usado no quarto de doentes ou para ajudar nas orações. O fiel pode rezar olhando para ela, o que tornará seu pedido mais efetivo.

Seus mistérios se perdem na história, como a poderosa fortaleza de Caravaca.

Este livro, com o tempo, se tornará um talismã de muita energia espiritual se o devoto tratá-lo com respeito de um objeto santo, não emprestando e deixando em um lugar especial e de respeito na sua casa. Quanto mais o usar, mais forte ele se tornará.

Formato: 14 x 21 cm – 128 páginas

Distribuição exclusiva

AQUAROLIBOOKS®

www.aquarolibooks.com.br